與巫對談

那些神明教我的事

蔡州隆——著

【推薦序】

從乩童到學者的期許

【宗教界與學術界耆老】吳永猛教授

台灣是一個多元民主、自由、法治的社會，宗教蓬勃發展，多彩多姿。尤其乩童文化更是世界獨一無二的特色，從宮廟到神壇處處都可見到。乩之種類包括：乩童、扶鸞、輦轎、尪姨等等。起乩方式又可分為：自發功（自己起駕降神），與他發功（由法師請壇降神）。

遠觀人類有史以來，關於巫覡的傳承是源遠流長一直存在的宗教文化。當今各地情況不同，有的被限制，有的被禁止，但在台灣有機會可充分發揮。

因當今科學掛帥的時代，處處講究實證、邏輯，當宗教碰上科學的對話時，如何從中找到交集，是大家一直在努力尋求的答案，若從心理學、靈魂學為研究對象的話，似乎比較容易上路。從文獻學著手來看，漢代《說文解字》中對巫的解釋：「巫，祝也。女能事與形，以舞降神者也。」比如當今台東卑南族的女法師，一直保持有傳統神職的崇高地位。

另一方面，在澎湖各宮廟保存有完整的乩童信仰文化，並有一套大家公認的乩童養成教育過程：採乩、試乩、訓乩、成乩。以如此嚴格的過程來確保乩童的信仰功能，讓乩童能在社會角色、信仰鞏固與道德典範等層面上，保有一定的階級定位。在澎湖的宮廟，乩童是由法師演法請神，透過嚴謹的降神儀式，才能將乩童催眠至起駕的氛圍，而讓神靈降壇。換言之，澎湖的乩童是屬於他發功，所以對法師與乩童的公眾道德要求至為重視。乩童是屬於法教信仰的範圍，與法師的功能是互為表裡的，這也是為什麼在澎湖地區，其硬體建築宮廟金碧輝煌，而軟體宗教文化歷久彌新的道理所在。

州隆以他當乩童的親身經歷做為輔仁大學宗教所的碩士論文，這在學術研究上是很難得的一個創舉。他身兼主觀（inside）的乩童，與客觀（outside）的學者，可說是實際田野與書本理論兼備的文創。他並於二〇一三年度又進輔仁大學的心理學研究所博士班，可預見在未來將會有更高一層的發揮。在此預祝他一切順利，心想事成，也為他祝福。

皇冠文化集團將出版州隆的《與巫對談》，論述他一路走來的心路歷程與精采告白，以饗宴讀者，預計大家會很感興趣去瞭解乩童的真相到底如何？以此為之序。

【推薦序】

參透靈幻表相背後的大智慧

【《逐光陰陽間》作者】李雲橋

長期以來，「乩童」、「鑾門扶乩」、「通靈」等神秘現象在文明社會之中，始終背負著外界因不明就裡所給予的負面刻板印象，被歸類於所謂民間信仰一流，難登大雅之堂。但事實上，不論是由比較宗教學或文化人類學的觀點論之，「乩童」都是一源遠流長，甚至比宗教更早出現在人類歷史上，並且在世界各個民族當中都是普遍存在的人類共同文化。「乩童」的好壞真假是非對錯我們姑且先無庸置評，但對這歷史久遠的文化我們如何客觀認知進而正確理解的治學態度，卻是遠比僅憑道聽塗說或刻板印象便形成結論的輕率態度更來得嚴謹與中肯。這所憑藉的不只是我們心量的兼容開放，還有理性思維的探索精神。

作者蔡先生能夠以「巫覡」二字來取代我們習以為常貶而抑之的「乩童」稱謂，便足以讓人信服他確實是親身下過工夫研究，並且容有豐富宗教哲學底蘊之士。《國語・楚語》中記載：「民之精爽不攜貳者，而又能齊肅衷正，其智能上下比義，其聖能光遠宣朗，其明能光照之，其聰能聽徹之。如是，則明神降之，在男曰覡，在女曰巫。」由此可見上古時代的巫覡並不是隨便什麼人都可以勝任，而是必須滿足「心不貳、中肅正、智通達、聖遠朗、明光照，聰聽徹」這六項自身人格修養的條件，才會有明神降之。這與我們現在普遍以為的「乩身」就是突如其來遭受神明「強拉民伕」式對待的無辜平民，其差距豈可以道里計！

關於這書，若只是當成一個乩童的故事來看待，真是可惜了。

關於這書，我想我們必須由三個層面來解讀。

首先是乩者何人，這所謂乩童是誰，他走上這途的心路歷程與體悟收穫。

其次是來者何神，上身的神靈是誰，我們該以何種姿態面對與自處。

最後是意將何為，這樣一對搭檔組合意欲傳遞的旨趣為何？其中有無值得思索玩味之處？其提供的是形而下的現世利益，還是形而上的意義價值。

我想這三個層面在此書中都可以得到相當完整開明，而且情真意切的資料。

我與作者蔡先生僅有數面之緣。但在與他初會之前，我便對他懷有莫大的尊敬與景仰。先拿開乩童身分不談，光是他在工作多年之後先以自修方式完成空中大學學業，再考進宗教研究所完成碩士學位，之後再攻讀心理學研究所的博士班，這樣的認真好學精神便已令我為之讚嘆折服；同時間他還要兼顧家中經濟來源，經營繁忙的自助餐生意；並且他還是六個小孩的父親！在學業事業家業任何一項責任都可能讓人筋疲力竭的狀況下，蔡先生不但三者兼顧且皆有大成，甚至還有辦法犧牲晚上的個人休息時間，與他的濟公老師搭檔日日為眾人服務解惑二十餘年從不間斷。這樣一位傳奇人物，即使拿開乩童身分的神秘色彩，其認真進取奮鬥奉獻的人生態度，便已經是我敬而重之的人間典範，無須神靈上身了。

我也有幸親炙過「濟公老師」的迷人風采。即使只有短短一次十餘分鐘，但他的開明理性，溫柔多情，真摯懇切都讓我留下了極深刻的印象。而這種種風格與魅力，即便是透過書本紙張的介面傳達，亦無損其半分精彩。

蔡先生說，他想做一個不一樣的乩童；不僅如此，他的濟公老師亦是一位很不一樣的師父。這樣一個搭檔組合所寫出來的對談錄，更是一部極不尋常的作品。縱使裡頭談到的題目可能有許多人已經討論過了，但書中提出的觀點與見解極具創新與不同角度的觀照。縱是老生常談，但與時俱進的努力鑿斧卻在書中不顯自明。

對，**與時俱進**。古老的文化傳承可以在不同的時空環境背景中開創出全新風貌，但世人的觀念思維，是否也相對進步到可以擺脫世俗的刻板認知，與神鬼靈異的迷幻外相，直接碰觸到命題的核心與生而為人的智慧？

很顯然，這問題可能不在蔡先生與濟公老師的考量範圍內。「自反而縮，雖千萬人吾往矣」。我在他們二位身上品出的，並不只有那份義所應為的勇氣，還有更多的是，對諸有情眾生的慈悲關懷與諄諄掛念。我想應該就是這份慈悲與關懷，讓他們師徒二人如此攜手共進朝夕不懈的吧。

我真實地感受到書中除了智慧話語的教導外，還有更多對生命的啟發與掛懷，像一道和煦燦爛的陽光，為這世界照進一抹溫暖與光亮。如果這樣正面的明光與清流越來越多，一個接著一個站出來，是不是表示無論這世界與人心多麼混亂，我們始終未曾被放棄，永遠有希望在？

【推薦序】

揭開「巫」的神秘面紗

【輔仁大學宗教學系副教授】莊宏誼

蔡州隆先生是輔仁大學宗教學系碩士在職班九七級的研究生。輔大雖然是天主教學校，但宗教系的宗旨在促進各宗教交談，對話。對談的目的在增進彼此的瞭解，避免主觀的判斷而產生誤會。本書的命名，或許取義於此。

能考上輔大宗教碩職班的同學，大多有其宗教信仰背景，而像蔡先生具有「巫」身分者，不在少數。有些人甚至是神的代言人，或自詡是神的化身。因此，許多人認為奇怪的事情在輔大宗教系實在是見怪不怪。

蔡先生具有強烈的上進心和求學的欲望。這求知的精神不只表現在其日常生活，更灌注在本書中。而附在其身上的神不知是否受到「身」的影響，似乎和其他的神不太一樣，最大的差別是此神也著重教化、重視知識的探討，隨著蔡先生的進步而進步。如果活躍在台灣的諸位神明能夠和蔡先生身上的神一樣，相信蔡先生對「巫者」的態度早就可化感傷為讚嘆了。

本書的宗旨在揭開乩童或巫的神秘面紗。但字裡行間，處處表露出神的教化。特別是有關內丹的修煉、人體三丹田與三關的解說明白易曉，信眾應可奉而修之，做為入道的階梯。

本書即將問世之際，正逢蔡先生考上輔仁大學心理學系博士班。讀的書越多，象徵背負的責任也越重。此書是蔡先生二十幾年來的心血結晶，是碩士班研究的成果報告，卻也是邁向更高層次的一個段落。書中的神自稱為「老師」，師者，除了韓愈所說的「傳道、授業、解惑」之外，在道教更深負「度化」的責任。如何將芸芸眾生度化成仙、成神，乃是老師的職責。值此書出版之際，願與蔡先生共勉之。

【推薦序】

人是否需要神的代言人？

【台師大教育心理與輔導研究所博士】張碧琴

巫，神鬼的代言人或是代人祈禱，求鬼神賜福、解決問題的人。姑且將「人是否需要神」此辯論題存而不論，單單「人是否需要神的代言人」就夠爭議不休了。馬丁路德的宗教改革意圖拆除教會的城牆，要人自己面對上帝、為自己的道德行為負責，受西方個人主義影響甚鉅的心理學，也從科學的角度促成此目標。

然而，為自己負責可謂說來容易，人生難免偶會時運低落導致自信盡失，光靠理性分析終究力有未逮，因而我們總可以驚喜地在西方心理諮商的學說裡瞥見東方宗教哲學思維的形跡，例如，完形學派創始人波爾斯（Perls）彷若禪宗大師，近期靈性諮商（spiritual counseling）也開始萌芽，可見身心靈整合是東西方在現代社會苦悶下尋求的共同出口。

可惜的是，台灣傳統宮廟雖多如繁星深入大街小巷，大抵卻是獻祭膜拜的空間，民間信仰（或稱佛道混合）的信眾集結通常為參與儀式，和其他高度組織化的宗教聚眾為講道不同。抽籤、擲筊固然不失為方便隱密的自助系統，凡夫俗子如你我，既無靈通可直接與神溝通，也無異能以辨識神諭，於是代言人——乩童於焉而生。

從汙名到正名

擁有愈多知能者權力愈大，尤其時運低者往往渴望明確的解答，乩童既名為神的代言人，遂形成求助者、代理人與神三者之間微妙的關係。提供引導的理應是神，但神靈降臨時，人的意志存在幾分？神的意志是否純粹原汁地被傳送？這些以往被視為執業機密的敏感問題，作者皆於書中直言不諱，甚至分享如何分辨代言人之真偽，頗有「去神化」的意味。在此脈絡下，本書另有一點特別值得稱許：州隆不斷強調平常稱他為「師兄」，為信眾辦事的場合才稱「老師」，這小小的「正名」舉動也展現作者對權力的自持、對界限的敏察。

從人助到自助：辦事導引到講經教化

本書也為神與巫重新定位。一般宮廟開堂辦事、為信眾提供諮詢建議，功能已夠寬廣，濟公禪師卻要求在辦事之外增加說法，本書後半段即其對話實錄。「老師」以幾近除魅般的理性，透過現代化的、科學的語彙，拆解公式般地描繪修行之途，一門心思盡在鼓勵眾人戮力修行，個中論述之妙留給讀者自行體悟。

從「老師」苦口婆心的言說，以及師兄「信而不迷」的主張，我逐漸理解何以州隆師兄不斷將巫類比為「東方的心靈諮商師」。正如心理諮商師不只是要幫個案解決眼前困擾，也要幫個案提升心理社會功能，師兄「去神化」的說法看似新穎，或許其訴求反而是素樸返古的——回到曾經人人得以為巫的遠古年代，如同《曠野的聲音》書中的「真人」，潛力得以被釋放開展，靈性得以提升，豈不樂哉！

【自序】

東方的心靈諮商師

人是一種群居的生物，社會的結構即是人際關係擴大所形成的一個網絡。尤其在現今職能分工的社會中，每個人都擁有許多不同的角色，以因應不同情境下的身分。我當然也不例外，只是我有一個與眾不同的身分，那就是乩童。

乩童就是古代所稱的「巫者」，就這「巫」字來看，上一橫為天，下一橫為地，中間以一豎做為連結天地的象徵，而兩人對坐代表著對話。所以「巫者」就是「溝通天地，傳達天地旨意與他人者」之意。看起來似乎很神聖，然而在台灣，乩童帶給人的感覺其實並不好，所以一開始我並未以身為乩童為榮，但是經過了二十一年的工作歷練，使我不再以此為恥，我走過了這段自我認同的歲月。

一九九二年四月二十三日那一晚，我第一次接觸到這股陌生的力量——我被上身了。在此之前，我一直認為宗教是一種信仰，乩童都是騙人的，怎麼也沒料到自己竟然會變成乩童！我一面震驚於祂們的力量，一面感到自己的無知，這個事件衝擊著我的自信，我發現自己原來是一隻井底之蛙，更感覺到自己的知識是如此的不足。因此，我開始了另一個階段的求學過程，並在完成大學學程後，繼續就讀輔大宗教學研究所，完成了碩士學業，其後很榮幸地考上了社會文化與諮商心理學研究所，踏上了博士研究之路。

在乩童的工作中，我看到許多人因利慾薰心而盲目追求，或者因為對現階段生命的不滿而徬徨無助。但是，我也看到更多的人從諮詢乩童中，找到了撫慰、自信，甚至找到了生命的重新定位。因此，就算乩童的社會形象如此不好，我還是毅然地決定，不能輕易放下這工作。當有了這個決心後，我告訴我自己，要做好乩童的工作，本身就不能再排斥乩童的身分，甚至要以自己身為乩童為榮。

二十一年來，從台灣、中國，甚至遠赴加拿大、美國，我除了自詡是一位諮商工作者，也辦了一系列「與巫對談」的講座。我想告訴大家乩童並不神秘，而是我們應該瞭解如何適當地運用，如何讓自己信而不迷。一直以來，我都將祂們定位為「東方的心靈諮商師」。我並不認為祂們是擁有著全知、全能、全善的

「神」，而是祂們懂得運用我們所熟悉的文化，為我們指引出一個最適合的方法來解決困難。所以當祂們上了乩童的身體後，我們應該視其為人，而不應該視其為神。祂們是很好的諮商者，但不是完全為我們解決所有困難的「麻煩終結者」。我們所企盼的幸福人生，需要靠自己的雙手營造，而不是希望祂們成為我們的「幸福製造者」。所以當面對國內外的媒體採訪時，我甚至呼籲大家，若不能建立面對乩童的正確觀念，寧可敬而遠之。而且我相信，有了這樣的認知後，假藉神靈之力而行詐騙者，自然就無法可施了。

關於與這些神靈的接觸，我不像其他人宣稱可以看得見或聽得見祂們的形象或聲音。就我的經驗而言，祂們並沒有實際上的肉體，因此我無法以看或聽來接觸祂們，不過，我卻可以強烈地感受到祂們的存在。那種感覺真的很難形容，就像你可以感覺風的流動，但是卻無法看到風一樣。而且當祂們上了身之後，總讓我覺得自己像是進入了一個清晰的夢境——你可以知道夢中的你在做什麼，卻無法指揮夢中的你要做什麼。但在這些夢境中，讓我學習到非常多的人生道理，尤其當濟公老師講道的時候，總是使我感到受益匪淺。我的體會也許很難言傳，但是祂們所講的道理卻是能夠饗宴大家的，於是我把它寫出來，希望能夠藉此讓每個人也都有所收穫。

這本書記錄著我與祂們接觸的一段過程，在書中我盡量忠實地呈現當時的實際狀況。以下這個故事，也許是我的夢境，也許真正是神靈為教化人心所傳的道理，但是無論如何，它是我生命的一部分。接下來我們就讓這篇故事帶領著大家進行「與巫對談」，來一趟神聖的神靈之旅。

目錄

第一堂課——修行

第二堂課——明心見性

第一篇

與自己對談

——沒錯，我就是乩童

信使

「媽！媽！快過來一下！」

伴隨著我緊急又加一點慌張的驚呼聲，媽媽快步地走到門前的院子裡。

「啊！怎麼會這樣?!」

只見門前原本堆放雜物的地方，出現一個深度及直徑皆約五十公分的地洞，裡面盤雜著將近四、五十條斑斕的小蛇。真的不誇張，紅、綠、褐、白、黃鮮豔之至。每條小蛇的身長差不多有三十公分，牠們都昂起頭來，吐出舌頭，似乎也在看著我們。

這是在一九九二年四月二十三日這一天所發生的事。回想起當年，二十六歲的我還滿陽光的。那時候我才剛結束掉經營了兩年的電子加工廠，打算好好地再做一些進修。而門前堆放著那些捨不得扔掉的物品常是我的眼中釘，所以我才會心血來潮地去整理它們，也因此發現了這一窩小蛇。

當時，對拜拜一向虔誠的母親，非常擔心周遭鄰居發現後會將牠們撲殺，畢竟住宅區發現一窩蛇可是大事一樁，所以趕緊對我們發出警告：

「噓！小聲點！」

接著，她轉身進屋拿出了金紙和香過來。說也奇怪，就在母親對牠們祭拜的同時，一窩小蛇一轉眼間全不見了。

自認為受過科學教育的我，當然不信這一套，趕緊對地洞做一番探查，我相信地洞一定有其他的通道。

不過，我老媽可不這麼想，她認為這些蛇是「修行者」，躲在靈氣好的地方從事修行，發現牠們已經是一種不敬的過錯，不可以再打擾牠們，所以急忙對我說：

「不要再看了，趕緊把它蓋好。」

我只好找塊木板把地洞蓋上，然後再鋪上泥土，結束了這場「探索」之旅。

徵兆

我怎麼也沒料到，這件事對我來說是一種徵兆，這窩小蛇也許就是我的「信使」，因為當我發現了牠們之後，一輩子的光陰歲月也隨之改變，從一個對未來充滿憧憬，深懷信心的普通年輕人，變成了「與神共舞」的神職人員，在那之前，這是我完全無法想像的事。

現在回想起來，如果當初沒有翻出這一窩小蛇，我的人生是不是會有另一個不一樣的歷程？

第一章

人生轉捩點

畢生難忘的一日

人生中不時會有因為某些事件發生，而轉變了自己一生的經歷，這也就是人生的轉捩點。一九九二年四月二十三日這一天，不但是令我畢生難忘的一日，也絕對是改變我一生命運的重要轉捩點。因為在這一天，我突然從一個懵懂的年輕人，變成了轉達天地意旨的「乩童」。

在二十六歲之前，如果你問我什麼是「乩童」，我會告訴你：「乩童是一種迷信、陋俗，他們沒什麼知識，只懂得詐財騙色。」相信我，在台灣，這是對乩童的一種普遍社會形象認知。對於乩童有這種負面印象的不只是我，而是其來有自的。

清代官方就曾對乩童活動頒發禁令，稱乩童為不法之徒。日治時期也將乩童活動列為違警行為，是一種需要受拘役處分的活動。一九四五年國民政府接收台灣後，乩童並不因為中華民國憲法保障宗教自由而得以不受限制，相反地，政府單位對乩童做了更多的規範。一九四八年，政府將乩童列為查禁民間不良習俗的對象，需要強制轉業。在一九六三年的「台灣省改善民間習俗辦法」中，直接以神棍一詞來稱呼乩童。一九七六年，在「中華文化復興運動推行委員會台灣省分會改善禮俗推行要點」中，將乩童列為是極應杜絕的一個迷信現象。傳播媒體在那個時期，理所當然地配合政府立場，所做的報導中，也常以「神棍」來稱呼乩童，並且伴隨著「迷信」、「陋俗」、「傷風敗俗」、「詐財騙色」等字眼出現。因此，乩童往往成為「改善民間陋俗」中的一環，變成了擾亂社會秩序的一種不良信仰。

在這樣的環境中成長，又自詡是個念過書的年輕人，接受、相信這些訊息是很自然的事，對這種「妖言惑眾」的人物，怎麼會有好印象？因此二十六歲前，我非但不會去接觸乩童，甚至對於接觸乩童的人也非常不以為然。就是在這樣的背景下，那一天，我突然起駕了。

北極玄天上帝

吃完晚飯後，白天發現的那一窩小蛇自然成了家人聊天的話題。就在大家聊得正起勁時，坐在電視機前的我，在事先沒有任何徵兆下，突然一瞬間全身僵硬而不能動彈，只感覺到一股非常冰冷的氣，自尾椎緩慢地向上走。那一種冷，比在寒冬中跳入冰水池中還冷，加上全身上下不能活動，這時候我只能咬緊牙關強忍著。當這股寒氣走到了頭頂正中時，我突然能動了，但是動的方式與目的，卻不再是我的意識所能控制的。值得慶幸的是寒氣不見了，只是我全身依然不由自主地顫抖。這前後可能只有經歷了幾分鐘，但是在我的感覺裡卻像過了幾個鐘頭那麼久。

接著，我踏著只有在歌仔戲中才能看到的步伐，緩慢地走向家裡的神桌前。當時父親還未返家，母親帶著我的兄弟姐妹、妻子等家中所有大小成員，亦步亦趨地緊跟著我走向佛案。到了案桌旁後，我的手很自然地在桌上書寫出：

「本座乃北極玄天上帝是也。」

這時候，我只感覺腦中轟轟作響，一連串的疑問突然湧現：

「我是怎麼了？發生了什麼事？不會吧，我竟然起駕了?!北極玄天上帝到底是誰？是不是真有這個神明？」

是真的，那個時候我甚至不知道有「北極玄天上帝」這號神明。在這些疑問還沒有機會獲得解答時，祂退了，而我也癱了。

雖然祂不再操控我的身體，我卻清楚地感覺到，祂還在我的身體中，只是祂不用這個身體，而我也用不了。

「好像睡了……」

「要不要叫他起來？」

「讓他再躺一下吧！」

——「我沒有睡著，只是沒辦法動。」儘管耳朵聽到了家人們的對談，然而我就是無法用自己的意識來活動這個身體，甚至連眼皮都動不了。不過這時候心情卻非常寧靜，不再有激動的想法，倒像是滿陶醉在這種感覺中的。

也許是真的陶醉其中了，我完全沒有感受到時間的存在，只覺得好像沒過多久，突然聽到一個熟悉的聲音震怒地大罵：

「這是在幹什麼？躺成這樣能看嗎?!」

原來是爸回來了。事後我才知道，台灣的臨終禮儀是把即將往生的人送到佛案前躺下，由親人圍繞在旁送行。我當時的情況就類似這樣的儀式，因此父親才會如此地憤怒。但他不是十一點才會到家嗎？怎麼這麼快就回來了？難道我已經躺了那麼久?!

宮主不信，孰信？

沒有時間讓我再多想，祂又使我這個身體動了起來。站起來之後，祂再度走到佛案前，在桌上清楚地寫著：

「請宮主過來。」

我又是一頭霧水：老爸變成宮主了？那這裡不就真的成為宮壇了？到底是

怎麼一回事？家裡面沒人懂這個，這樣下去還了得？

父親當然不來這套，不過他好像也是茫然而不知所以。母親趕緊上前對父親說：

「好像是真的，過去看看嘛！」

父親只好心不甘情不願地來到佛案旁。

這時候，祂朝著父親的額頭伸出手指，父親很不高興地揮手遮擋，只見祂一轉身在案桌上一拍，也不見有多麼用力，卻將桌子拍得非常響亮，使得在場的所有瞬間都鴉雀無聲。然後祂又在案桌上寫下：

「吾將在此興宮濟世，宮主不信，孰信？」

大哥看了寫在桌上的字跡，轉述給父親聽了之後，父親彷彿是震懾於玄天上帝的威嚴，將信就信地站在那裡，不再開口。

祂再度伸手指向父親的額頭，似乎在額上畫了一道符。奇蹟出現了，隨著祂的書符，老爸也「起駕」了！看著父親不由自主地顫抖，口中發出如同小孩子的叫聲，並且蹭著一隻腳，這連我也看懂了，一定是「三太子」！

老爸起駕後，便朝著玄天上帝打躬敬禮，只見祂將手一揮，三太子便很規矩地退到一旁站立。接著祂轉過身在桌上寫著：

「太子降臨，速速接駕。」

「怎麼會這樣？」家裡大大小小的成員，這時只能比誰的嘴巴張得大。

然而事情還未了，接著祂請我大哥來到跟前，依樣畫葫蘆，只見大哥瞬間板起面孔，右手虛撚長髯，形態威武。

「嗯！關公！絕對錯不了。」

同樣地，玄天上帝將手一揮，祂也走到另一旁站定。

如果你們認為這樣就結束了，那就錯了。就在大夥兒對關聖帝君接駕禮拜的同時，玄天上帝又請我大姐及二姐上前，一樣的動作，一樣的過程，結果也一樣——天上聖母上了我大姐的身，瑤池金母上了我二姐的身，四尊神分列兩側，玄天上帝位居其中，可以想見那時候的聲勢有多麼壯觀。在一個從未接觸宮廟活動的家庭中，有五個成員在同一時間，毫無準備地成為乩童，那種震驚真的是無法以言語表達！全家人除了年幼的小孩外，母親、我的妻子、兩個弟弟和一位妹妹都對當前的情況不知如何應對。

這時候，玄天上帝一改威嚴的神情，用極柔和的態度在案桌上寫下：

「吾在此處，興宮濟世，今日點將，汝，不必擔心。」

「不過家裡沒有人懂這些呢！」母親虔誠地回答。

玄天上帝又寫：

「凡有作為，必將自然，道聽塗說，不可任信，興宮之務，吾，自有裁策。」

母親急著問：

「這樣我們應該怎麼做？」

玄天上帝指著自己的額頭，接著寫：

「交代吾兒，戌時訓乩，子時靜坐，一應諸事，自有安排，未言之事，不可強為，日常生活，不必變易，謹言慎行，善矣。」

交代了這麼幾句話後，祂一一走到各個神駕前，依然在祂們額頭上書符，使其「退駕」。然後在自己的額頭上做一樣的動作，好像也是讓自己「退駕」。果然，我總算可以依自己的意志活動身體了。從晚上七點一直到凌晨一點，我終於領悟到，能夠自由使用自己的身體是多麼令人高興的事。不過還是不對，我感覺到體內有一股蠢蠢欲動的力量，需要我用盡全部的意志力才能壓抑它、抵抗它。

「是不是起駕之後的後遺症？」

我懷疑地問「大家」——當然是有起駕的人。但是看他們神情自若，沒有任何不舒服的樣子，只有我需要咬緊牙關，盡全力去抵抗體內的一股力量，因為我感覺到只要一放鬆，祂又會馬上上身。

這種情形一直持續了將近三年，甚至一直到現在，只要身旁有其他「靈」存在，這種感覺就會自然產生。它很難透過言語傳述。我清楚地感覺到，全身上下的神經都充滿了另一種能量訊息，我需要與這種訊息抗衡，才能以自我的意識來活動自己。

那種感覺就像自己雖然眼盲，但是一樣可以確實認知身旁的事物。我可以清楚感覺到祂們的存在，只是無法用眼睛看見祂們。這個衝擊對我而言是非比尋常的，二十六年來對生命的認知，突然變成了一種無知，對前程的追求，變成了一個笑話。

「祂們到底是什麼？祂們真的是神嗎？神不是一種精神的信仰而已嗎？祂們怎麼能那麼確實地存在？」

一連串的問題使我下定了決心，我要瞭解祂們，也因此開始了我往後的「乩童」人生。

第二章——訓乩

為什麼是我？

經過了這麼一個特殊夜晚的折騰，大家應該都累了，但是在這場奇妙的經歷之後，又怎麼有辦法讓大家馬上冷靜下來？全家人開始你一言我一語地討論著：

「我覺得不對！哪有一家人都會起駕的。」

「是不是神桌沒有安好？」

「我們家又沒有那些神，祂們是從哪裡來的？」

「會不會是被人下了蠱？」

「不過，祂們起駕的神態都很威嚴。」

「聽說乩童要操五寶，祂們會嗎？」

「五寶？是不是劍啦、斧頭、刺球這些東西？」

「祂們交代要訓乩。」

「是誰要訓？怎麼訓？沒人懂啊！」

「起駕後不是會不省人事嗎？我怎麼還是那麼清醒？」

你可以發覺，大家都在提問題，卻沒有回答問題的人。直到陽光開始照進屋內，媽做了一個總結：「你們阿姨樓下有一間宮，明天我們過去問問看。天亮了，大家都還要上班，先去睡吧！」結束了這場討論。

回到房間後，我雖然躺在床上，卻一點睡意也沒有，身體似乎還處在一種極度的亢奮中，一直不由自主地顫動。我自認為精神狀況是正常的，不過，究竟為什麼會發生這種事？是真的神明附體？還是像大姐所說的被某人「下了蠱」？

這時，我腦中突然出現一個聲音說：

「北地聚佛宇宙天下玄，極處有善逍遙自在天。」

簡單的十八個字，似乎是回答了我什麼，但我卻無法瞭解那個聲音究竟想告訴我什麼。不過，我可以肯定這不是我自己想到的句子。難道祂還在？這時候我竟然不由自主地點點頭——祂真的在！

「如果祢真的在，告訴我，為什麼是我？」

我從來都不知道自己竟然會這麼虔誠。然而，在我腦中浮現的回答卻只有

「因緣具足」這短短四個字。是什麼因緣？又如何已經具足？好像告訴了我什麼，又像什麼也沒說。如果用個比喻來形容，就像我們感覺得到風，卻捉不到風，那種感覺很真確，但是卻又很不實際。

辟穀

「你怎麼都沒睡？先起來吃飯吧！」

中午了嗎？時間好像又是一晃眼就過去了。自從被「祂」上身後，時間總是過得特別快，像是消失了一樣。雖然我一整晚沒睡，不過一點都不覺得疲倦，也沒有飢餓的感覺，只是妻子阿珍既然準備好了午餐，就將就吃點吧！

經歷昨晚的事件後，阿珍刻意準備了素齋，可能是認為這樣比較虔誠吧！但是走到了飯桌前，我發現自己真的是一點胃口都沒有。手拿著筷子，眼睛看著滿桌的食物，卻只是感到反胃。

「如果吃不下飯，那吃一點水果吧！」

媽看著我連飯粒都無法下嚥，拿出昨天買的西瓜這麼說。對一向不喜歡吃水果的我來說，從來都不知道西瓜這麼好吃！那一餐我不但吃了一整顆的「小玉」，甚至之後餐餐都是西瓜。一點兒都不誇張，有四十幾天，阿珍不用再為了準備什麼給我吃而煩惱，只要把西瓜切一切就解決了我的一餐。

吃完午餐後，媽沒有忘了昨晚的事，趕緊打電話聯絡阿姨。她和阿姨一聊起來就沒完沒了，這個「神奇事件」理所當然地讓她們聊得更起勁。不知道過了多久，媽雖然一直沒有放下電話筒，但是周遭卻了無聲息。怎麼了？靜音了嗎？大家為什麼又看著我？我有什麼奇怪嗎？

「你要不要緊？」

阿珍可能被昨晚的事嚇到了，非常小心翼翼地問。

「沒事啊！哪有什麼事？」一定神下來後，我才發現自己的臉部肌肉在持續抽動，顏面神經完全不受控制。「這……？我也不知道！」

行爲生理歷程

我相信神經系統和個人行為間有著密切的關係，一個人的行為生理歷程是：神經系統以神經細胞膜內外的電位差，傳遞訊息至中樞神經系統，也就是大腦。中樞神經系統對訊息進行分析、綜合與編碼，並同時做出適當的回應訊息，再以神經衝動的形式傳遞至外周效應器官，做出反應行為。

例如：眼睛能看到事物，是由視神經傳遞訊息至枕葉後腦的大腦皮質，經大腦解讀訊息，反應之後所產生的結果。單就機械功能而言，大腦處理訊息、解讀訊息、反應訊息，只要經由神經傳遞而來的訊息，大腦當然會做出適當的反應。

我無法像其他人所說的可以清楚地見到祂們，是因為無論「神」或者「鬼」，祂們並沒有物質性的肉體，視神經沒有傳遞訊息，我的大腦當然無法反應看見了什麼。

不過，當外來的訊息經由神經系統傳遞到腦部時，大腦可能因為對此訊息不熟悉而需要有轉換的過程。打呵欠、打嗝、身體不由自主地抖動、流淚或流鼻涕等這些一般乩童常見的反應，應該都是身體在回應外來的訊息時，所產生的自然的轉換反射行為。這些不由自主的反射行為會一直持續著，直到大腦順利接收、反應這個外來訊息後，反射動作才會消失。所以我認為起乩的過程，就個人生理的歷程而言，即是以大腦的機械功能解讀、反應其他外來訊息的一個過程。一直到現在，只要祂們準備上身，我的顏面神經都會在第一時間做出反應。

「是不是又要起駕了啊？」媽終於放下電話了。

「應該不會啦，我從昨晚就這樣，沒有停過。」

話雖然這麼說，我還是不由自主地咬緊牙關，因為我有感覺祂隨時會上身。

「你們阿姨說她樓下那間宮今天沒有辦事，明天才有，怎麼辦？」

看到媽那麼擔心我的狀況，我便安慰她說：

「沒有就沒有，明天再去吧！」

媽突然想到我從昨晚開始就一直沒有睡覺，趕緊催促我去休息。

「你都沒有睡覺，去躺一下。」

這時候大姐剛好回到家，也緊張地補了一句：

「怎麼可以都不睡？趕緊去睡一會兒。」

沒想到我的睡眠狀況竟然成了家人們關心的話題。的確，到目前為止，我已經有三十幾個鐘頭沒闔眼了，但我一點睡意也沒有，不過為了讓大家放心，我就再去躺一會兒吧！

安五營

回到床上閉起眼睛，那種模模糊糊的感覺又回來了。「安五營」——雖然能夠清楚感覺到的就只有這三個字，但是我確實知道，祂們要告訴我的不只這三個字，只不過所有內容對我來說太陌生了，因此只能捕捉到一些片段。這時候我突然想到，如果有人告訴我「核子彈」怎麼製造，我一定也是只能記住「核子彈」這三個字，因為對於完全不懂的事，如何能夠去理解、記憶？沉浸在這種感覺中，我知道自己的時間感又會消失了。

果然，客廳越來越嘈雜，大家陸陸續續回來了。看一下床頭鬧鐘，差十分鐘就是七點。漸漸地，我感覺到內在有股能量越來越明顯，越來越無法控制，那股能量像是在催促我離開房間一般，越想去抗衡它，身體就抖動得越厲害。終於，我放棄了抵抗。才走出房門，不容我有任何表達意見的機會，祂馬上就上了我的身。

有了昨天的經驗，大家已經不再那麼手忙腳亂。看著大哥忙著為玄天上帝開路，直到家中的佛案前，這時候的我也沉著了許多，我也想看看祂接下來要做什麼。

祂走到了桌前，寫下「取寶」兩個字。

什麼寶？要上哪裡取？大家又是一頭霧水，不知所措地你看我、我看你。這時候就可以顯出誰比較有「慧根」了，大哥大膽地詢問：

「聖駕要取五寶嗎？」

不會吧？真的要向其他乩童一樣血淋淋的嗎？就是因為如此，我才會討厭乩童的。沒想到，祂竟然點頭了！但是，家裡怎麼會有這些東西？現在又要去哪裡拿？果然，媽抗議了：

「啊，不過家裡沒有這些東西呢！一定要用嗎？會不會流血？」

祂很堅定地指著大哥，寫道：

「取汝房中之寶。」

大哥嚇了一大跳，眼睛睜得老大地說：

「啊！那是掛好看的。」

原來他前幾天帶回了一把鎮宅用的七星劍，掛在他房間內的牆上，可是家裡面還沒有其他人曉得這件事，沒想到玄天上帝竟然知道了。見祂堅決地點點頭，大哥只好匆忙回房拿這把七星劍。

接著，祂要大家準備金紙，並且將這些金紙排放在屋裡的四個角落，形成一個四方形，接著在四方形的中央也擺放一堆金紙。啊！這不就是祂下午一直在告訴我的「安五營」嗎？突然間我發現自己似乎知道的很多，不過我確定從來沒有學過這些。今天下午祂告訴我「安五營」這個詞後，我始終未能理解什麼叫做「五營」；直到祂依著東──西──南──北──中的方位將五個營安紮完畢後，我才確定祂已經先教過我，只是那時候我無法理解而忽略了。但祂告訴我的知識似乎不會因為我的忽略而從腦中遺忘，等到需要使用時，我似乎自然就懂得怎麼做了。

日後，這個方式也成為祂與我溝通、教導我的一種模式，而且我所接收到的訊息總是比我所能夠瞭解的還多一點。那種感覺真的很奇妙，如果接收的資訊是我完全無法理解的，可能就不會引起我的興趣。然而，就是這種「多一點」的感覺，似乎讓你掌握了什麼，只要再多一步就能完全明瞭；但是一旦瞭解了，馬上又有一個同樣觸手可及的答案在眼前，使得你無時無刻都想去瞭解、去學習。就像在馬的前頭綁著一根紅蘿蔔，馬兒永遠吃不到它，卻會為了它而盡力往前跑。祂像是我的百科全書，讓我永遠有學不完的事物，也讓我發現自己竟然擁有許多根本不知道是什麼時候學會的知識。

儀式完畢後，祂接著指示：

「諸佛眾聖，業已齊聚，五營兵將，盡皆部屬，訓體靜修，所囑諸事，不可有誤。切記，切記。吾回。」

這麼下了指示之後，旋即退駕。

還是不懂。聽祂的意思，家裡來的神仙兵將好像是一大票，但是祂們到底在哪裡？我們可是連祂們的神像都沒有，祂們真的會在這裡嗎？不過，經過這兩天的事件之後，可以看得出來，大家都相信祂們的存在，只是如何和祂們配合，沒有一個人有主意。只好等明天去問問其他的「神」再做打算吧！甚至連老爸也決定明天休息一天去問神，因為這是家裡的一件大事啊！

靜坐

看看時間，子時將至。媽比我們還緊張地說：

「ㄟ！子時要到了，趕緊去坐。」

怎麼坐？我不會啊！但是不容我發表意見，媽便指揮著我跟大哥、大姐、二姐還有老爸，要我們在佛案前排成一排，盤腿而坐。

好吧！坐就坐，我也想知道還有什麼事會發生。當我閉上眼睛開始集中精神後，那種模模糊糊的感覺又來了。「聚神玄關」——又是只有感覺到幾個字，然而，似乎又不只這幾個字。有了之前的經驗，加上現在有充裕的時間，我開始讓自己進一步體會這種感覺。隨著思緒越深入，我越體會到「聚神玄關」四個字原來包含了這麼多的涵義，似乎可以解答我所有的疑問。

「玄關在哪裡？」

「兩眼之間，百會之下，兩者交會之處。」

「如何聚神？」

「神不外移，一以聚之。」

「這樣做的目的是什麼？」

「神若內聚，體自虛之，神靈持用，自不擾之。」

沒錯，祂的「話」總是用這種文體浮現在我的腦中，因為咬文嚼字，所以每句話我都需要想一下，而想了之後，常會使我豁然開朗，連自己都不明白為什麼我能懂！例如，當我思考：「百會是什麼？」突然就知道「百會」就是在頭頂的正中央，順著它往下，與兩眼正中向內的交會點，就是祂所說的「玄關」。

當我思考著「神不外移」的意思時，便瞭解就是自己的思緒不離開身體，不要去想著身外的事物。「一以聚之」則是思緒「專注」在玄關之處時，會使自己感覺像是身處在一片廣闊無邊際的境界，這就是聚神。

同時我也瞭解了這麼做的目的，就是要使神靈使用身體的時候，我本身的思想不會去干擾到祂的意識。

我終於明白了，祂每次給我的訊息是一大篇，而其中我所能理解的內容，是因為我的知識庫裡有適當的資料可以去解讀它們。其他我所無法理解的部分，則是因為我的知識庫裡沒有適當的資料提供解讀，但是這些訊息並不會消失，而是暫存在我的大腦中，一旦我接觸到適當的知識，腦中的這些資訊將會自動呈現其意義，所以我才會連自己到底是何時學會的都不清楚。

這就像一部電腦裡，儘管沒有適當的軟體去呈現某種訊息，但這訊息依然存在電腦中，不會消失，只不過電腦無法將其完整表達，只能以亂碼的方式出現。然而，當這台電腦安裝適當的軟體後，訊息就不再以亂碼的方式呈現，而能獲得完整的解讀。

這和我所知道的乩童怎麼完全不一樣？其他乩童不是都說可以看見神明或聽見祂們的聲音嗎？為什麼我卻處於一種朦朦朧朧的氛圍中，既看不到祂們的身影，也聽不見祂們的聲音？一切的一切似乎都變得很虛幻，可是身處在那種朦朧虛幻的境界中卻讓我覺得非常舒服，像是一切的疑問都得到了解答，心中不存有任何懷疑。那是一種極度安心、極度寧靜的感覺，說真的，那種滋味會使人著迷。也因為如此，每天子時的靜坐，我持續了將近三年。

有形的事要自己學

「ㄟ？大家呢？其他人怎麼都不在了？」

睜開眼睛後，我才發現身邊已經沒有人，天也已經亮了。不會吧？我竟然坐了一整晚，難怪大家都走了。看看時間，清晨六點多，很久沒有呼吸到那麼早的空氣了，我乘機多做幾下深呼吸。抬頭看到佛案上的三座神像：觀世音、三太子和土地公，突然想到自己從來沒有好好看過祂們，這時候剛好仔細地瞧瞧。不知道是因為將近四十幾個鐘頭沒有睡，眼花了，還是心理反射作用，我真的覺得祂們在對我微笑！怎麼可能?!揉揉眼睛再看看，祂們越看越不像木頭神像，而是像極了縮小的活人，土地公的皮膚上甚至看得到毛細孔和老人斑！

「啊！你起來了，肚子會餓嗎？」

回頭一看，媽走了過來了。

「你怎麼那麼早就起床？」

媽好像要和我說什麼，卻欲言又止的樣子。

「怎麼了？有事嗎？」

這時她才開口說：

「你有機會跟祂們學是很好，不過家裡沒有一個人懂這些，不知道有沒有關係。」

看媽真的很擔心，我趕緊安慰她：

「不要煩惱了，反正一切順其自然。」

這時候，媽說了對我日後影響非常深遠的一句話：

「跟祂們學是一些無形的事，不過有形的事你要自己學，這樣以後才有辦法幫助其他人。」

問神

這一整天下來，我的精神還是非常好，完全看不出來已經將近六十個鐘頭沒有睡覺。一直到出發前往萬華西園路阿姨家的路上，媽很擔心地問：

「你真的都不想睡？」

不知道為什麼，我就是一直睡不著，而且精神還特別好。

一九九二年四月二十五日是個週末，當天老爸充當司機。可能大家認為這趟「問神」的主角是我，所以司機旁的座位刻意留給我。週末的艋舺，停車格一位難求，到了阿姨家樓下，大家正為如何停車而煩惱時，祂突然上了我的身，當場每一個人都非常緊張，不知道祂有什麼指示。只見祂伸出手指向右邊，很明顯，祂要老爸右轉。不會這麼神吧！右轉就會有停車位？不過有了這兩天的經驗，老爸倒是非常聽從祂的指示，規矩地打了方向燈，慢慢向右轉。一見車子右轉，祂沒有多做停留，呼一聲就退駕了。當車子一轉過來，前方果然有兩個停車格是空著的，這下所有人都不得不信服，連停車位都幫我們找好了。不過，大家也都懷著忐忑不安的心，對於祂們的力量真是既畏且懼。

看這陣仗，待會兒一定有事，祂肯定會到人家的道場起駕。怎麼辦？我什麼都不懂，會不會做錯什麼事？算了！既來之，則安之，擔心也沒有用，硬著頭皮走吧！

雖然已經有了心理準備，仍然料不到祂說來就來，還沒進門打聲招呼，在門口祂呼一聲又來了，而且直接往裡頭走向案桌前，感覺祂似乎對著宮內諸神打了聲招呼，接著表明自己的身分，並且對宮主說：

「本座乃北極玄天上帝是也，今日特領座前乩生參禮，吾兒初學，冒昧前來，諸禮不周，尚多擔待。」

非常客套的寒暄，但是又清楚表明了來意。不過祂總是匆匆地來，也匆匆地走，交代完這幾句話後旋即退駕。我知道祂是刻意讓我們有充裕的時間向宮主請益。

宮主姓賴，年約五十出頭，兩鬢的白髮特別突出，讓人感覺他是一個非常親切的人。

「來，大家先過來喝杯茶。」

他一面熱情地招呼我們，一面準備著身旁的茶具。看他的茶具一應俱全，一聊起茶便侃侃而談，儼然茶才是他的專業。他拿出「杉林溪」的上等私房茶招待我們，並且問我爸媽：

「你們這個孩子學多久了啊？看他的腳步踏得不錯。」

「多久？前天才這樣，家裡就是沒人懂，才想過來請教一下。」

爸帶著一些惶恐，將這兩天的情況向賴宮主大致敘述了一下。宮主一直咧著嘴，笑著聽他講，尤其當聽到家裡竟然有五個人同時起駕時，笑得更開心了，還直稱是「五虎將」。

聽完了老爸簡要說明起乩前後所發生的事件後，他對我們表示：

「蛇和龜都是帝爺公的腳力，家裡應該是占有地理風水，所以先派腳力來通信。日後家裡會有更多的神明到，這是好事情，哪裡需要擔心？我反而要跟你們恭喜呢！」

恭喜？從何說起？不過透過賴宮主的說明，我們對北極玄天上帝終於有了一點瞭解，原來祂也叫做帝爺公。

宮主並要我聽從祂們的交代，勉勵我好好跟著祂們學習，特別是訓乩與靜坐的時間，一定不能隨便。

聊著聊著，突然看他眼神一轉，大喝一聲，開始搖頭晃腦了起來。怎麼了？發生了什麼事？只見一些工作人員七手八腳地準備葫蘆、扇子還有補釘的衣服，看這樣子是神明要上身了。

果然，濟公禪師上了宮主的身，一開口便唸誦著古文，只不過我一句也聽不懂。穿戴整齊後，祂招招手把我叫到跟前，對我說：

「我有個兄弟也跟在你的身邊，皆是宿世因緣，好好去作為。」

接著又是一大串的古文詩句，什麼神魔一線分，因果隨業轉……我只能在一旁恭謹地點著頭，半句話也說不上來。

蟄伏

回家的路上，每個人的心情很明顯都輕鬆許多，媽急著對「你們這些會起駕的」交代，回去要照時間靜坐、訓乩。更重要的是從賴宮主及濟公禪師身上，證實了玄天上帝和諸神明的存在，拋開了「走火入魔」、「伙人放丟符子」的疑慮，終於看到了媽的笑容。

而我在六十幾個鐘頭沒有闔眼後，直到現在才有一種放鬆了的感覺，突然覺得好累，好想睡覺。車上，大家聊天的聲音似乎離我越來越遠，感覺越來越空洞，我不確定自己是什麼時候睡著的，也不知道自己是怎麼回到家中床上的，不像睡了，倒比較像是昏迷了……

當我再度清醒時，竟然是三天後的中午。

據說，這三天我在睡夢中常常自言自語，吃飯時間會起床吃西瓜，甚至可以回答家人的提問。不過這些事情，我怎麼一點印象都沒有？聽他們的描述，好像我是夢遊了三天一樣。這三天我只感覺到自己一直在作夢，到底夢見了什麼，卻完全不記得。我似乎夢見自己在起乩，夢見神祇與我對話，夢見各種山水景色，夢見……只是內容都很零星破碎，沒有辦法組織成一個完整的夢，甚至不確定我是不是真的作夢了。

這段時間，我就像是蛻變前的蟄伏，感覺自己是一個蠶蛹，等待著破繭的時機；又像是一個等著出生的嬰兒，在面臨人生考驗前做最後的準備，只不過我還不知道自己到底有了什麼改變。我發覺家人們注視我的眼光不同了，似乎我已經是一個與眾不同而特殊的人。但是，我還是我，跟之前比較並沒有任何不一樣。真要說有什麼改變，可能是我的想法吧！我不再以戒慎恐懼的心情去面對世界，因為我感覺到在這世界上，每一個人都是好人。我絲毫不覺得自己擁有了什麼特殊能力，但是只要能夠幫得上忙，我願意去幫助任何一個需要援手的人。

在日後的經歷中，我漸漸體會到，人的生命是由「物質量場」、「生命量場」和「靈魂量場」這三種量場所組成，而且，這三種量場分別主導著我們在環境中的「際遇關係」、身體的「健康狀況」，以及面對事物的「價值觀與邏輯判斷」。

濟公禪師

經過了三天的充足休息後，我身上的活力好像都回來了，原本緊繃的身體也放鬆了許多。看看家人們，似乎個個都比我還要有活力，因為今天是「訓乩」的第一天。只是，怎麼做？

「要點淨香嗎？」

「是不是要靜坐？」

「坐哪裡？」

還不到七點，大家便七手八腳地把一切都打理好了，專注等待著祂們的降臨。當然，我更希望知道什麼是「訓乩」，還有祂們會怎麼做，於是我往準備「訓乩」的座位坐下，閉目等待，心中還是在想著：「訓乩」的目的到底是什麼？

不負眾望，戌時一到，玄天上帝準時降駕。我的意識還是清楚的，只是我依然無法控制自己的身體。有了之前的經驗，這次我不再那麼地緊張，而是刻意地想用自己的意識去支配身體，然而這個念頭才剛浮現，身體卻突然「定格」了，就像一部機器突然當機，完全不能動，直到我放棄運用自己的意識才恢復正常運作。接著，祂又開始做一些我無法預期的動作。

「取一〇八炷清香。」

要香幹什麼？是要進行某種祭拜的儀式嗎？不容我有多想的機會，大哥便將香點燃拿過來了。只見祂毫不猶豫，將還冒著火光的香往身上抹，直到火光稍滅；接著祂踏著「歌仔戲」的腳步，繞著佛案前走動，等到香的火光又現，再重複把香火往身上抹，然後走動。當香火僅剩下少許時，祂才示意把香拿開。在這段過程中，我感到自己的意識逐漸模糊，也感覺不出香火燙身的疼痛。像是在睡眠中作了一個清楚的夢一樣，那種模糊又清晰的感覺，卻使人非常舒服。

接著祂在案桌寫下：

「宮中往後行事，悉聽禪師指示，吾回。」

拍了一下桌後，祂退駕了，但是又留下一個謎語——禪師在哪？是阿姨樓下的那個濟公嗎？還是那位賴宮主會過來指導我們？沒說清楚就走，又讓家裡每個人面面相覷，不知所措。

不過，這個疑問沒有困擾大家太久，因為就在玄天上帝退駕之後，我感覺另一種力量突然湧現，身體不由自主地搖晃，完全像喝醉了一般。

「啊！濟公禪師！」

以理服人

果然，濟公禪師上了我的身。接著大家又是一陣混亂。

「酒，要不要拿酒？」

「扇，哪裡有扇？」

「要什麼樣的酒？米酒可以嗎？」

等到一切都準備好之後，濟公禪師氣定神閒地坐在案桌前的椅子上，開始寫道：「諸佛眾聖業已齊聚，藉此善地宣化世人，爾等切勿以此為憂，諸事隨緣行之即可。」

接著祂轉頭指向媽，寫道：

「老師知道妳很擔心，不過妳儘管放心，一切都是因緣齊聚，諸佛眾神都會在旁護佑。」

「可是我們什麼都不懂。」媽依然擔心地回答。

濟公禪師接著寫：

「就是因為不懂，所以不會多做。妳只要記得，沒有交代的事，不要聽他人言語多做就好了。而且所有不懂之事，老師會慢慢教你們。」

濟公禪師不是都瘋瘋癲癲的嗎？怎麼祂那麼溫柔，又那麼溫文儒雅？還有，為什麼祂自稱「老師」？

「師者，所以傳道、授業、解惑也。」祂好像知道我的疑問，繼續寫道：「老師將在此指導大家什麼是修行之道，應該如何做，並解答大家的疑惑，所以老師才稱之為老師。」

「訓乩的目的何在？」

祂好像是就我的疑問回答：「訓乩不是指在哪裡操香、踏腳步。訓乩的目的，是在於靈、意、志的合一。」

簡單的回答，好像告訴了我什麼，又好像沒有。祂又寫道：

「所謂『靈』即是『自我的靈識』，『意』就是自己的『潛意識』，而『志』就是自己的『顯意識』。也就是說，訓乩的目的是將自己的潛、顯意識與靈魂意識合而為一。」

突然間，我明白了，當身體供給他靈使用時，常會因為潛在意識的作用，以及欲符合他人期待的外顯行為，而干擾了靈魂意識。而當我們的潛、顯意識與自己的靈魂意識合而為一時，對祂們的干擾就相對地減弱，原來這就是「訓乩」的目的。

祂又接著寫：

「老師在這裡並不是來耍猴戲，而是要以理服人。」

沒錯，我要的不是神蹟，我要的是能夠解答我所不懂的問題的答案。

整個過程我就像是在作一場清晰的夢，只是夢中的自己卻扮演著另一個角色，但是這個夢中的角色卻可以回答我的任何疑問，給我一個我能夠接受的答案。我發現自己沒有那麼排斥「乩童」這個身分了，甚至迷醉在這種感覺中。

此後，濟公老師總是在玄天上帝「訓乩」之後，接著降臨，教導我們，讓我們明白了許多事。

二十多年來，祂們就像是良師，使我無時無刻都能夠經由祂們，學習到更多事物的道理。

第一位信徒

乩童訓練好了要做什麼？是要像電視上看到的乩童那樣滿身鮮血？還是像賴宮主那樣為人指點迷津？還有，乩童不是都會開明牌嗎，這不會就是我日後的工作吧？如果得這麼做，我還是不能接受。

就在我腦中浮現這些疑問時，濟公老師又很配合地回答：

「宮中日後將有非常多的信徒到來，宮中諸眾須以謙悲二字為宮訓，盡心服務於他人，不得傲慢以對。」

只見濟公老師一字一字地書寫在桌面上，大哥有模有樣地複誦，大姐則趕緊在旁用筆記錄下來，這就是宮的成長史。

「六合（彩）乃上天降災，而非降財，是為宮中濟世不取之事。凡宮中諸眾應以此為戒，以為效尤。」嗯，我喜歡。

「入此殿所聞他人之私，出此殿不可複提。」嗯，維護個人隱私，這個濟公老師還滿現代的。

只是我怎麼也無法想像，祂所說的信徒，就這麼說來就來了。

就在正式訓乩的第二天，當玄天上帝拿著香火，踏著步伐，一切正進行地如火如荼時，突然出現了一個陌生婦人。耳畔似乎聽見她和媽媽低聲商量著：

「待會兒能不能問事啊？」

不會吧？這麼快，到底行不行？辦事？我連自己發生了什麼事都還搞不清楚，怎麼辦事？

然而，不容我有任何抗議的時間，玄天上帝退駕了，濟公老師旋即上身。

只見祂輕搖羽扇，招呼婦人在祂身旁坐下。果然還是大哥有悟性，拿了紙、筆，請她寫下姓名、地址及出生日期，恭謹地放在濟公老師面前。

不等她開口詢問，濟公老師馬上就在桌上寫道：

「金錢之事不必煩惱，汝今年本有失財之厄，他人拖累之金錢，年底自然可順利追回。生意雖小，努力作為，老師自會從中協助，偏財非分，不可妄想。」

手底下這麼自然地書寫著，但是心中卻充滿忐忑：到底對不對？她都還沒發問咧，是不是真的為了錢的事而來？萬一不準怎麼辦？不過，接下來聽到這婦人極為虔敬地發問：

「我被倒的會錢真的追得回來嗎？」

我知道，濟公老師講對了。

「老師會幫忙，最慢至十月即可追回。」

接著，濟公老師和她討論了小孩子的管教問題，直問了將近一個鐘頭，她才心滿意足地結束。

在這一個鐘頭中，我發現自己的感覺越來越模糊，但是濟公老師的回答與動作卻越來越順暢。整個過程就像是自己正作著一個非常清晰的夢，夢中的我化身成為濟公，但是我並不能主控夢中的自己要怎麼做、去做什麼。在之後的乩童生涯中，這種感覺磨練得更加純熟，只要祂一上身，我就像墜入夢中，而且跟作夢一樣，有些片段記得非常清楚，有些會完全遺忘。

這時候，濟公老師交代：

「轉告我這徒兒，準與不準不是他應該擔心的事，放下得失之心，日後處理他人事務不可驕亦不可餒，吾回。」

這番話又回答了我心中的擔憂。然後，就在祂退駕的同時，我突然意會到，這一切都不是我做的，日後他人的事情無論處理得如何，我只可以從中去學習，不能存有驕傲或挫折的念頭。也因此，我更謹慎地將自己和祂們分別清楚，唯有如此，我才能不驕不餒。從此之後當有人誤會而稱呼我「老師」時，我都會趕緊告訴他們，起駕後才是老師，沒有起駕時我只是我而已，稱我「師兄」就可以了。

退駕後，那個婦人還沒離開。她姓林，此後我都稱她為林阿姨。

「辛苦了！辛苦了！」

看她非常熟稔地招呼剛退駕的我，並且與家裡的人似乎已經非常熟了，一下子和媽媽聊幾句，一下子跟大姐說幾聲，更比手畫腳地分享她剛剛問神的經過。

「這濟公真的很厲害呢！我從樓下經過時，聽到樓上好像在訓新乩，聽說菜乩比較準，才上來看看。沒想到祂連問都還沒問，我被倒會的事祂就已經知道了。明天還有吧？我一定要帶我朋友來看看。」

身為宮中的第一位信徒，她的古道熱腸和爽朗的個性，使得濟公老師的信徒在短時間一下子暴增。一直到隔年的農曆三月二日正式成立北天宮之前，一半以上的信徒都和林阿姨有關係。因此我相信，林阿姨絕對也是祂們帶來的。

第一次抗議

如果你認為這一切就這麼順利進行，那你就錯了。事實上，這才是我噩夢的開始。從林阿姨出現後，每隔兩、三天，她便帶著幾個朋友過來，接著她的朋友也開始帶其他朋友過來，短短三個月內，家裡門庭若市，與之前清靜單純的生活完全不同。由於問事的人數越來越多，濟公禪師不再用書寫的方式表達，而直接開口與人們對話。雖然說得失之心不可有，但是不可避免地，只要家中有人來，我的心情就會特別沉重，那種感覺就像是在學校裡要面對考試，人少的時候是小考，人多的時候是大考。到後來玄天上帝上身的次數漸漸變少，每天七點不到，就有一大群人等待著濟公老師上駕。

不知道從什麼時候開始，有了一批熱心信徒會主動地幫忙。阿波忙著招呼客人：「這裡坐，先泡茶啦！」林阿姨忙著控管秩序：「不是啦！他們先到的，你們排在他們後面。」安伯搖頭晃腦地替濟公老師宣揚奇蹟：「你們坐下後什麼都不必問，祂自然就會告訴你怎麼解決你的問題。」坤嫂指著坤哥，向其他人做了見證：「你看，我們家坤仔從見了老師後，脾氣整個改了。」

隨著問事的人越來越多，結束的時間也越來越晚，每天幾乎都忙到凌晨三、四點。

終於，我第一次抗議了。

「我雖然是乩童，但我不是銅做的！」

為了我的抗議，家裡的成員與這批熱心信徒們鄭重地開了一個會議。會中決定，每個月的三、六、九、十三、十六、十九、二十三、二十六和二十九日，晚上七點辦事，其他時間讓我休息。看起來人道一點了，大家都那麼熱心，我再不妥協的話，未免就太不近人情了。

「好吧！就這樣決定了。」

父親為這場會議做了一個決議。說真的，我當時沒有想到，這個決議實行不到兩年，又被我否決了。

再次抗議：開啟視野新機會

不能怪我，真的不能怪我。誰能夠從下午一點開始，持續讓神明上身直到隔天凌晨五點？不誇張，真的就是如此。從一九九三年正式成立北天宮後，宮中信徒日益拓展，需要和濟公老師談談的人越來越多。為了消化這些求問的信徒，我們從原本的晚上七點，提前到下午一點開始。不過像是有辦不完的事一樣，每次總是要到凌晨四、五點才得以休息。最重要的是，無論濟公老師如何苦口婆心地勸說，還是有一大半人來此的目的是為了求財運。

「喂！你看那三炷香，最後一炷圈個圓圈，是不是39？」

「對喔！我昨天在虎爺爐旁看到香灰掉下來，明明白白是一個14。」

「聽說阿秀前天從老師這邊回去，昨天就中了三星呢！」

甚至有人直截了當地告訴我：

「宮裡面越來越興旺，你跟老師商量一下，出個牌讓大家好過一點，要蓋廟才會快。」

六合彩不是宮中不取之事嗎？我花費時間、精力，難道就是為了這些事？繼續這麼做，意義到底何在？我不懂，也不願意再做了。而且這兩年來，我無法再從事其他工作，我不願意過著讓大家供養的生活。就算我願意，我有妻兒，難道也要讓他們過這樣的生活嗎？所以我再次抗議，我不要再辦事了，我想到外面找份工作，我要養家活口。

沒想到，這又引起了一場軒然大波。阿波緊張地聯絡大家，再次召開會議。

「你全心跟著老師辦事，老師不會虧待你的。」

「幹嘛找工作，這不就是你的工作？」

「老師不是和玉珍說，你們雖然不能存很多錢，但是只要需用錢時，自然就會有足夠的錢讓你用，你擔心什麼？」

會中一面倒地反對我外出找工作，甚至有人直截了當地說：

「像你這種帶天命的人，靠山山倒，倚海海乾，好好辦事才是真的。」

沒想到一個想要認真拚搏的年輕人，找工作做竟然像是犯了滔天大罪。

這時候，鍾師姐開口說話了：

「老師是一位非常好的高靈，如果不辦事，相信有很多人會失望。你要工作其實也沒錯，不然到我那裡上班，宮裡面辦事的時間則減少一些，你覺得呢？」

鍾師姐是一家貿易公司的負責人，當時與濟公老師結緣大約一年多。因為她本身對於佛學相當有研究，所以大家都稱她為鍾師姐。她對於我的經濟拮据狀況好像很清楚，事後妻子阿珍更告訴我，這一年來，她每個月都會私下資助我們生活費，而且交代阿珍不能讓我知道。她就是這麼一位善良又細心的大姐，因此她的話在宮中一向有著影響力。

有了鍾師姐開口後，會議很快有了結論。最後決定每星期一、三、五晚上辦事，取消中午的問事時間。而我也順利進了鍾師姐的公司，學習處理進口業務，直到她轉戰中國市場才結束這份工作。

鍾師姐應該看得出來我是勉強地答應繼續辦事，會後，她突然對我說：

「辦事辦得那麼累，也應該有個休假。有沒有去過美國？要不要去走一走？順便介紹老師讓我美國的一些朋友認識。」

喔！真的還假的？帶我去美國辦事嗎？我還真的沒有出過國，有機會去美國看一看，當然很興奮。於是我當場就回答：

「真的嗎？當然好囉！什麼時候走？」

一向謹慎的鍾師姐說：

「你要辦美簽，我也還需要與美國朋友聯絡一下。你明天先開始上班，等我準備好了再告訴你。」

就這樣，三個月後，我踏上了美國的土地。令人意料不到的是，原以為只是一趟散心的旅程，卻成為另一個階段的開始。這趟旅程，使我在「乩童」這條路上走得越來越深入，終至無法退出。

既來之，則安之

一九九五年的春天，我第一次遠離台灣，前往美國。這趟行程，鍾師姐極力邀約爸媽及小妹隨行，說是出門有伴比較好玩。不過在隨行的行李中，我發現他們已經將濟公老師的行頭整理進去了，心知這次美國之旅絕對沒有那麼簡單，爸媽是為了給我壯膽，小妹是跟在旁邊幫忙的，看來這一切都是刻意做好的安排。但是無論如何，第一次搭飛機還是讓我非常興奮。

記得當晚的月光很亮，但是卻穿不透腳底下濃厚的雲層，反射的光亮，將飛機外照得一片閃耀。靠著窗旁看著機外的白雲，我還真不知道雲可以那麼漂亮！那跟我印象中的雲完全不一樣，就像是用雪堆積而成的城堡，在月光下矗立，真的很美。

就在我沉醉在這片美景之中時，有種不一樣的感覺突然升起，像是在反覆告訴我，既來之，則安之。的確，都已經在飛機上了，到了美國會發生什麼事，現在想也沒有用。隨著睡意越來越濃，我漸漸地睡著了，那感覺像是睡在搖籃裡遊蕩在白雲間，非常舒服。

震撼教育

「喂！起床囉！護照要拿好。」

隨著媽的叮嚀，身旁也開始鬧烘烘的，原來已經到洛杉磯了。不是告訴我要搭十個鐘頭的飛機嗎？怎麼這麼快就到了。

我們下機、過海關、領行李，又過了兩、三個鐘頭，終於進了美國境內。一到大堂，只見一位身材微微發福，帶著非常親切笑容的婦人，向我們用力地揮手。看她應該四十歲不到，臉上卻滿是歲月雕琢的痕跡。鍾師姐急忙向我們介紹這位「芬姐」，她是緬甸裔的華僑，是一位單親媽媽，兼職做一些零工，獨力養育五歲的小孩子。鍾師姐特意安排她做為這次美國行程陪伴我們遊玩的導遊。

芬姐的中文略帶著腔調，雖然聽不太懂，不過看得出來她對鍾師姐非常感恩，她眼中閃著淚光說：

「多虧鍾師姐這幾年的照顧，不然我早就沒辦法在美國生活了。」

我一直以為在美國生活的人都是幸福、快樂的，原來他們也需要面對生活的艱辛。也才知道原來鍾師姐的善心早已經超越台灣這片土地，拓展至她所能關注的其他地方了。相較之下，我眼中所見的只是台灣，使我突然覺得自己像一隻井底之蛙。

第一晚下榻的地方是李先生的家。李先生年約五十歲出頭，能言善道，博古通今，我很訝異他竟然懂得什麼叫「巫覡」。

「乩童是不是就是《國語》中所記載的巫覡？這些人在古代都是佼佼者呢！」當時我只能咧嘴傻笑，因為我根本不懂他在講什麼。現在我當然知道了，所謂巫覡就是在《國語・楚語》中，記載昭王與觀射父的一段對話。文中曰：

「民之精爽不攜貳者，而又能齊肅衷正，其智能上下比義，其聖能光遠宣朗，其明能光照之，其聽能聽徹之，如是則明神降之，在男曰覡，在女曰巫。」

乩童就是傳承於巫覡的做法，蓬勃發展於台灣。當時這對我來說是一個相當大的挫折。我自己是一位乩童，但是李先生所說的乩童的來源、出處，我竟然一點也不懂，難怪一般人都認為乩童是知識水準低下的人在擔任的。難道我也是一個不學無術的乩童嗎？不，我絕不願意成為這樣的乩童！

那一晚，刺激了我回國之後一定要努力向學的決心。

「好了！您們坐那麼久的飛機也累了，先休息，明天再聊吧！」

李先生的妻子宋姐熱心地招呼我們回房間。

那一晚，來到美國的興奮完全不見了，回想著芬姐，回想著李先生，心情越來越沉重。直覺告訴我，這是我的一場震撼教育，濟公老師是在讓我明白，我該學的還有很多很多。

第一次講法

隔天一早起床，大夥都已經在客廳聊天，甚至芬姐也到了，原來我睡得最晚。

「廚房有早餐，先吃吧！」

宋姐還是那麼客氣地招呼，讓人覺得這就像自己的家。

「我們待會兒先過去拜訪一位朋友，然後再請芬姐帶你們去迪士尼或華納影城走走。」

鍾師姐語帶保留地告訴我今天的行程。

只是拜訪朋友而已，為什麼濟公老師的東西都已經準備在一旁了？今天就要辦事了嗎？經過昨天的挫折，我發現自己什麼都不懂，濟公老師真的有辦法為生活在美國的人指引迷津嗎？我變得出奇安靜，生怕講錯一句話而貽笑大方，更怕因此落實大家對於「乩童就是沒知識」的認知。這時候，心中再度浮現這句話：

「既來之，則安之。」

也對，反正都已經來了，不管什麼情況，總是要去面對。

草草用過早餐後，芬姐便載著我們出發了。

鍾師姐這位朋友姓李，大家都稱她李姐。我們到達時，李姐像是有備而來，帶著大約十來位朋友，一行人非常恭敬地到門口迎接我們。

「快請進，一路辛苦了。」

這個陣仗更讓我感到不安，萬一我讓他們失望了怎麼辦？

李姐家裡布置了一個佛堂，還滿正式的，佛案、佛像、香爐、供茶一應俱全。

「你們今天真是有緣，平常要請個佛哪那麼容易，今日就讓你們碰上了，這是台灣來的師父。」

李姐很興奮地介紹了我，這讓我真不知道該怎麼回應，只好跟大家寒暄幾句後，便直接坐在佛案旁，依著濟公老師之前所教導的方法，閉目斂心等待祂降身。

不知道坐了多久，我只感覺自己的意識漸漸模糊，而後就像直接進入了夢境一般。夢中的我，心裡那點懼怕不見了，取而代之的是一種悲天憫人的心境，感覺眼前眾人都是我的小孩，充滿著慈愛與歡喜。

慈悲喜捨，四大無量

濟公老師上身後，招呼大家環繞在祂身旁坐下，大家坐定後，李姐本著主人的身分，開口說：

「歡迎濟佛慈悲降臨。」

「既然談到慈悲，老師先問你們，什麼是慈悲？」

跟台灣辦事的情況略有不同，在濟公老師講法的過程中，我完全不再擁有自己思考的空間，但是記憶卻異常清晰，對於老師所講的內容更是不容易忘記。接下來老師一一點名，要大家先回答什麼是「慈悲」。

「看到別人痛苦，自己也感到痛苦，就是同理心、憐憫心。」

「要以善心對人。」

「應該是做善事，幫助他人。」

「是救苦救難吧。」

……

等到大家都回答過後，濟公老師說：

「慈、悲、喜、捨，佛門稱它們為四大無量。所謂『慈』就是與人之樂，給予別人快樂；『悲』就是拔人之苦，去除別人的痛苦；『喜』是喜眾生離苦得樂之心；『捨』是捨棄怨親之心，視眾生一律平等。」老師這時候開口所講的話，竟然是我完全沒聽過的。我什麼時候讀過佛經？我怎麼都不知道？這真的讓我無比訝異。不過，這是我夢醒後的感覺；在講話的當時，一切都是那麼地自然。

濟公老師接著說：

「為何稱它為無量？因為給予別人快樂或去除別人的痛苦都是無法計量的。若真的要計量，我們需要有一個計量的量尺，也需要有一個快樂或痛苦的標準。只是這把量尺、這個標準是無法有絕對性的。通常我們都是以自己的標準為標準，把自己認為是快樂的帶給他人，為他人去除掉自己認為的痛苦。這樣子是不是就真的能為其他人帶來快樂或去除痛苦呢？」

濟公老師的開場白，似乎讓所有人心有所感，大家都靜下來傾聽。

「當我們用著自己快樂的標準想給予別人快樂時，有時候我們所帶給對方的是負擔。同樣地，若我們以自己痛苦的標準為其他人去除痛苦時，有時候是去除了他的快樂。」

濟公老師舉了一個例子：

「有一位國王看見一個乞丐在野地中餐風飲露，衣不蔽體。國王想為這個乞丐去除痛苦，帶來快樂，於是把他帶回皇宮中，給他綾羅綢緞、精緻美食。但是不到三天，這個乞丐卻離開皇宮，又回到野地，繼續他之前吃不飽、穿不暖的生活。這是為什麼？」

接著濟公老師自己回答了這個問題：

「在這個故事裡，就國王的想法，他是為乞丐帶來了幸福。但是乞丐在皇宮中卻不快樂，反而處處感覺不自在，遠不如在野地中穿著破衣、吃著粗粟來得瀟灑、自由，因此他離開了。就乞丐的想法，這樣的生活才叫做幸福。所以若只是以自己本身的價值判斷去作為，相對的對象不一定能得到適當的幫助。這只是在滿足我們自己行善的欲望，並不能稱為無量。」

接著，濟公老師著重在「無量」二字的講解：

「無量施為即是無自我的存在，也就是不以自身的標準判斷如何做。無自我存在即無施者與受者的關係存在，也就是施與受是站在一體兩面，同一個價值觀下產生，這才稱為無量。當我們在利益他人之時，其實也同時利益了自身。因為在施予別人快樂的同時，我們也感受到喜悅；去除別人痛苦的同時，我們也放下了自己的難過。因此我們是施者，同時也是受者。」

然後，濟公老師開始談法界：

「將這種無量施為擴大至眾生，如此喜眾生離苦得樂之心，也就是歡喜自己離苦得樂。因為法界是一個整體而無法分割，站在法界的立場，每一個眾生都是我自己。」

濟公老師又舉了一個例子：

「我們在法界內就像一滴雨落進大海，你們說這滴雨還在不在？如果這滴雨堅持自己是雨而不是海，那是因為它不能認清楚事實，事實上它已經無法和大海做分割了。這滴雨當然還在，只不過它不再是雨，而是整個大海的一部分。如同我們身處法界中，堅持我就是我，卻不能認清我們與法界是無法分割的，我即是法界、法界即是我的事實。」

接著濟公老師開始談靈性：

「法界既然是一個整體，當然也就沒有人、我之分。但是人會很自然地親近我們所喜好的，而疏遠我們所嗔恨的。這種親疏之別其實是為了保護肉體生命的一種機制，是一種生物本能。只是我們的存在，絕對不是只為了這個肉體生命的存有。肉體生命無論怎麼用心維護，最多也不過是百年的光陰歲月。我們存在的意義，是為了追求靈性生命的圓滿境界，也就是與法界融合為一體。」

剛剛濟公老師舉了雨和海的例子，接著依然以海為例：

「我們都知道，地球上的水最終都會納於大海之中。但是在這些水未歸於大海之前，它會以各種形式存在。它可以是雨水，可以是河川之水，甚至可以是雪、是冰。無論它以何種形式存在，最終都會成為海水。就像靈性生命未呈現圓滿之時，他可以是人，可以是牲畜，甚至可以是神、是鬼，但是最終他們都會融於法界之中。」

最後濟公老師為「眾生一律平等」這句話下了定義：

「所謂眾生一律平等，是這種終極靈性的平等，而非肉體生命的平等。因為六道眾生有著外相上的不平等，所以人會選擇對己有利的相處，遠離對己有害的。但是要追求靈性的圓滿，我們就需要看清這種終極靈性是一致而沒有差異的。這就是捨怨親之心，視眾生一律平等的意義。」

個別諮詢

短短一個多鐘頭，濟公老師將慈、悲、喜、捨的道理講得讓大家瞠目結舌。看到每個人的眼神中充滿崇敬，我知道濟公老師所傳授的道理真的讓大家信服了。這時，主人李姐對濟公老師說：

「感謝濟佛講法！只是他們還有事要個別諮詢，是否可以請濟佛繼續開示？」

就在濟公老師點頭之後，李姐趕緊招呼大家到客廳裡等待，安排他們一位接著一位個別與濟公老師談話。

我就知道，一定還是要辦事的。不過經過老師剛剛的講法，我的心境似乎有了另一層體會。祂可以說出我所不懂的道理，而且對我來說，這些話還真的滿受用的；最重要的是，我不但記得清清楚楚，甚至理解的比祂所說的還多，那種感覺真的會使人著迷。只是祂在台灣為什麼不這麼做？若這麼做了，我應該不會不想再辦事。

雖然辦事對我來說已經駕輕就熟，但是來到美國後感覺就是不一樣。在台灣，濟公老師上駕後，過程雖然像是在作夢，但是關於夢境的一切似乎比較容易回想。在這裡，除了講法的內容記得特別清楚外，他們個別諮詢的事，我都忘得一乾二淨。只記得無論是什麼人，只要坐到濟公老師身旁，祂就開始滔滔不絕地跟他聊了起來，好像對每個人的事都非常熟悉，不像初次見面，倒像是已經相識多年了。情形就像安伯所說的：「你們坐下後什麼都不必問，祂自然就會告訴你怎麼解決你的問題。」

結果那天什麼地方也沒有去，來到美國第二天的行程，是辦了一整天的事。這個結果好像也出乎鍾師姐意料之外，到了晚上，她有點不好意思地說：

「累不累？我也沒想到有那麼多人要找老師。不過明天開始，芬姐會帶你們四處走，你可以真正放輕鬆了。」

「ㄟ？妳不去？」我很訝異地問。

她說：「美國我常來，該玩的都玩過了，你們去玩，我還有一些事要辦，就不陪你們了。」

我知道鍾師姐是要讓我完全沒有負擔地遊玩，畢竟面對其他人還是需要拘謹一點，只有跟自己家人就不一樣了。

接下來的這十天，我們玩得非常盡興，去了迪士尼、影城、舊金山漁人碼頭，甚至還去了一趟賭城。旅程中只有家人，和芬姐的熱情招呼、安排。從未出過國的我不但大開眼界，也暫時忘卻了乩童、辦事以及眾神明這些擾人的事。

慕名而來

「鍾師姐他們都在李姐那裡，我先送你們過去跟他們會合。明天是你們在美國的最後一天，要不要去買些紀念品回去送朋友？」

芬姐一面開著車，一面細心地提醒我們。

歡樂的日子總是過得特別快，後天就要回台灣了。提到買東西，小妹最有精神了，她趕緊接口：

「好啊！好啊！明天我們就去血拚！」

這時候我突然有一種感覺，就跟祂們要上身前一樣。這十天中，這樣的感覺都不曾發生，不會是又要辦事了吧？晚上七點，又是往李姐家……嗯！有可能。

「ㄟ？李姐家今天請客嗎？怎麼那麼多人？」

遠遠就看到李姐家門前站滿了一群人，少說也有二、三十位，難怪芬姐會有這樣的疑問。看到那麼多人，我的心情一下子沉重起來了。果然不出所料，那麼多人如果不是找濟公老師，那是要做什麼？

車一開到門口，李姐趕忙過來招呼：

「好不好玩？吃飽了嗎？快請進，這些人都是慕名而來的，今天又要辛苦您了。」

我的預感被證實了，但是想逃也逃不掉，我只能乖乖地跟在李姐身後進入屋內。

原來有一位楊師兄，他所經營的餐館打算頂給他人，歷經半年一直沒有結果。十天前湊巧有人願意以兩萬美金來頂這家餐館，他正猶豫該不該以此價格出讓，濟公老師卻建議他放棄這個機會，告訴他七日內會有人出價到十萬美金。當時他半信半疑，不過兩萬美金的價格，確實也讓他捨不得就此出讓。沒想到第六天真的有人開價十萬美金來頂，第七天就順利完成出讓合約，今天他特地帶了全家大小來答謝濟公禪師。這個消息很快在美國洛杉磯的華人社群中傳開，所以今天有很多人是慕名而來。

持續二十多年的「來年之約」

因為這個事件，我們無法如期回台灣，當晚經鍾師姐與爸媽商量後，當機立斷決定將班機往後延遲一週。之後在這一星期中，前來向濟公禪師諮詢的人絡繹不絕，甚至有人遠從紐約而來，就只為了要見濟公老師一面。

就在最後一晚，李姐語重心長地對我說：

「濟公老師真的是一位很有智慧的菩薩，您看這幾天有多少人受了祂的幫忙，但是又不能把您一直留在這裡。這樣吧！明年再來，我可以提早做些安排，幫助更多的人。」

李姐這幾天忙進忙出的，不但沒有怨言，甚至已經開始在為明年的事做準備。看到她那麼熱心，我當然也義無反顧，於是當下就定下了「來年之約」，沒想到這個約定，從此以後卻成了我每年的例行公事。

如同在台灣的發展，進出美國這十幾年來，也遇到了許多熱心幫忙的人。洛杉磯有張師姐，舊金山有陳師兄，甚至遠至加拿大有輝哥。透過他們的幫忙，不但有更多人藉此接觸了濟公老師，這幾年更舉辦了一系列「與巫對談」的講座，使濟公老師的法得以讓更多人領受，也應證了濟公老師之前所說的一句話：

「十方之地皆是我的道場。」

在返台的班機上，我反覆回想著這趟旅程，突然發現收穫最大的竟然是我。因為這趟旅程打開了我的眼界，使我明瞭了自己所學的不足，更讓我感覺到做個乩童並沒有什麼不好。

當下，我許了自己一個諾言：

不但要做個能夠利益他人的好乩童，更要做個知識豐富的「現代乩童」。

也因為如此，返台後，開始了下一個階段——我的求學，與濟公老師的傳法歷程。

第二篇

與巫對談

——濟公老師講道傳法

改變的力量

這一趟美國行讓我終生難忘，這場震撼教育甚至改變了我的人生觀。回到台灣之後，我發覺自己改變了，變得沉靜許多，懂得從其他的角度體諒前來求問的信徒。我不再暴躁易怒，也不再有那麼多的怨言，而且更能體會濟公老師之前所提到的宮訓：「兼言之謂謙，可納諸言於異。非心之謂悲，以眾人心為心。」瞭解了「謙」、「悲」兩個字的意義。同時，我也發現自己靜默沉思的時間似乎越來越多了，因為當我沉思的時候，總會覺得濟公老師就在身旁與我對話，甚至影響著我的想法。

「為什麼要辦事？講法不是要比辦事還有意義嗎？」

「辦事是一種接引的工作，目的不是在於示現神蹟，而是為了要讓他們知道，確實存在著另一種更完美的生命模式。當他們瞭解了現階段的生命並不是唯一而完美的時候，才能激發他們去追求更好的生命模式。而傳法是一種教育工作，當他們接受接引之後，接著就必須教導他們用什麼方法和如何做，才能運用現階段的生命來達到更完美的生命模式。最後還需要使他們將所學習到的實踐於現階段的生命中，這才算是完整的教化工作。」

「宮中現在的辦事模式可以改變嗎？可以挪時間講法嗎？」

「辦事接引、傳法教育和社會實踐，原本就是三階段的教化工作。因應不同階段的演進，宮中的教化工作當然需要隨著調整，況且宮中現在一星期才辦三天的事，時間綽綽有餘。」

「我想再念書，時間真的夠用嗎？」

「精進自持當然很好，只要把自己的時間做好切割、分配，工作的前後次序做好妥善安排。時間非但夠用，而且生活會過得更加充實。」

看起來很像我自己在腦中進行著自問自答，但是辦事接引、傳法教育和社會實踐，甚至教化工作，都不是我習慣、熟悉的用詞，怎麼會那麼自然地出現在我的思維中？那種感覺更像是我在大腦中構思了一個問題，馬上就有人在大腦中回答我一樣。所以我深信，這是祂們影響我的想法所產生的對話。有了這個經驗之後，每當我碰上了疑惑，總是會以同樣的方式詢問祂們，而且屢試不爽地，祂們都會回答我一個滿意的答案。在祂們的鼓勵下，我終於報名了空中大學，一方面不影響宮裡面的日常事務，一方面又可以補充自己不足的知識。

也許是太頻繁了，當我一動也不動地呆坐冥思時，發現一旁的阿珍總是以一種看著陌生人的眼光望著我。經過了幾次下來，她終於忍不住了，擔心地問我：

「怎麼了？有什麼事嗎？你怎麼變得怪怪的？」

「沒事，我只是想改變。」我篤定地回答她。

制定課程

「我們又不是佛寺，講什麼法？老師同意嗎？」

「怎麼講？是老師降駕來講嗎？」

「辦事辦得好好的，幹嘛要多生事？」

「會有人想聽嗎？有這個時間，還不如多辦一天事來得實在。」

不知道是我年輕，還是我威不足以服眾，很奇怪，只要是我提出的意見，總是會引起一陣兵荒馬亂的撻伐聲音。不過幸好，總是還有贊同的回應：

「老師講的話都好有道理，如果能夠這麼做，相信一定可以幫助更多人。」

「你們不知道，老師在美國講法講得好精采咧！」

「反正不影響原本的辦事時間，而且我也想跟老師多學點。」

我深深地體會到，改變的過程總是艱辛的。

從我提出讓濟公老師講道傳法這件事後，經過半年的籌劃、辯論和說服，最後還是經由濟公禪師親自裁決才定案。祂說：

「老師既然稱禪師，傳道當然以禪門之理為主。禪門講究心法，心法就是心的做法，就是觀念。有了正確的觀念，才不至於誤解修持的意義。而修持的內涵在於肯定靈界的存在，要做好修持，更需要瞭解靈界的現象。有了正確的觀念並且瞭解了現象之後，所做的修持才會有實質的效果。」

因此，將課程分為禪宗心法、靈魂現象及禪宗功法等三個部分，每星期一次，開始了濟公禪師講道傳法的課程。

第一班學員

「聽說老師要講經說法，什麼時候開始？要不要報名？」

「什麼是傳法？老師辦事不就是傳法嗎？」

「是老師要收學生嗎？有什麼資格限制？」

「老師講的內容是什麼？會不會很難？」

「是師兄講還是老師講？」

對於濟公老師即將開始的講道傳法，沒想到竟然在宮裡面產生極大的迴響，這也讓宮裡之前持反對意見的人，去除了心中的疑慮。

對於傳法表現最積極的林姐，回答大家問題的方式，就好像在推銷限時搶購商品一般：

「老師一班學員僅二十名，額滿為止，報名從速。」

礙於空間有限，經過討論，最後還是限制了人數。這二十名學員，是濟公老師傳法的首批學員，因而名正言順地稱為「第一班學員」。

就這樣，從美國返台之後，歷經六、七個月的努力，濟公老師的講道傳法終於開班了。

開場白：

什麼是修行

雖然我非常期待濟公老師的講道傳法，但是開課前，我並沒有為此特別做什麼功課。關於祂會講什麼，說真的，我一點概念也沒有。我只是將自己當成學員之一，希望在濟公老師講法的過程中體悟到更多的道理。所以在等待濟公老師上身的時候，我抱持著更加兢兢業業的心情。就在我覺得自己漸漸進入夢境的時候，思緒裡突然出現了「修行」這兩個字，莫非這就是今天講課的主題？不過，接下來我就再也無法做任何思考了，那種進入清晰夢境的感覺又來了。果然，濟公老師一上身，為了要幫助大家先破除掉對「修行」兩個字的迷思，特意在第一班的第一堂課，談什麼是修行。

「所有的宗教都非常強調修行的重要性，只是什麼是修行？大部分的人並沒有辦法清楚地解釋。在眾說紛紜、莫衷一是的情況下，常把修行當作是修習一種可凌駕他人之上、與眾不同能力的方法。又或者認為是宗教狂熱者才會去做的事情，是一種怪力亂神的行為。這不但誤解了修行的真意，也使自己失去從另一個角度去學習、體驗人生的機會。今天老師就以禪修的角度來談修行，探討人生。希望藉此讓你們瞭解，修行並不是少數的宗教人士所獨有，而是每個人都應該去做的日常工作。」

濟公老師的開場白吸引了大家的目光，二十幾人擠在一個小小的空間中，卻鴉雀無聲。

接著濟公老師對修行下定義說：

「修行，最簡單的解釋就是修正行為，但是要修正行為，就必須要有一個正字的標準。這個正字的標準究竟是什麼？怎麼做才算是合乎這個標準？」

濟公老師自問自答道：

「為了使修行者有這個正字做為依歸，於是在每個宗教的教義下，規範出許多不同的行為準則。目的就是要使這個正字，有個一致的標準存在。所以你們可以看到，每個宗教都有自己的戒律、規條，供門生奉守。當這些門生奉行這個宗教的戒律、規條時，也就是在修正自己的行為，使其合乎於這個宗教的正行為標準。如此我們會稱呼這些門生就是這個宗教的修行者。就像奉守佛教戒律的人，我們稱他們為佛教徒；奉守道教戒律的人，我們稱他們為道教徒。」

修行的第一步驟：

自訂戒律規範自我

對於正字的標準，林姐率先發問：

「那麼，老師認為正字的標準是什麼？我們應該奉守什麼樣的戒律？」

濟公老師回答說：

「其實當我們認真思考這個問題時，普世的正行為並不存在。因為每個人都是獨立的個體，不同的個體本身就會有不同的邏輯和價值觀，在不同的觀念下，就不會產生共同的正行為。如果有，那是在刻意的安排與教育下所產生。目的就是為了使個體與個體相互間，不至於因為價值觀的不同，發生行為上的衝突。就像社會道德與國家律法，就是為了維持人際秩序而產生。」

濟公老師越講越順，一些拗口的語詞，祂都能說得很順暢：

「修行是個體自己本身的作為，所以這些標準就不應該經由外來的力量所規範，而是應該由個體的本身自行訂定，自行奉守。因為如此，這個自行訂定的標準，也只能適用於自己身上，不應該加諸於其他人。也就是說，我們認為是對的事，並不表示其他人都會認為是對的；而我們認為是錯的事，也不表示別人都會認為是錯的。俗語說：『情人眼裡出西施』，就是一個例子，我們認為美醜的標準，並不能代表所有人的審美觀。情人眼中的西施，絕不能強迫別人都要認為她是美人。」

接著，濟公老師歸納了修行的第一步驟：

「所以老師並沒有任何的正標準可以給你們，因為所有的行為標準都應該由你自行訂定。而且當你訂下了這個行為標準後，它就成為了你自己的戒律。只是這個行為標準僅可以做為自我要求的準則，不可以加諸在任何其他人身上。也就是說，我們不應該以自己的是、非、對、錯標準去評斷他人，僅能以此標準來評斷自己。這個自行訂定的標準重點是在於自我規範，諒解他人，而不是以這個標準做為批判他人的工具。所以修行的第一步就是自訂戒律規範自我。」

就在大家聽得津津有味的時候，平時一臉嚴肅的王師兄突然開口問道：

「那是不是我們覺得對的事都可以做？」

老師面帶慈祥的微笑，回答：

「當然。你所認為對的事，若不涉及於其他人，你要怎麼想、怎麼做都行。但是所做的事若會對其他人產生影響，就必須考量到人際關係的道德標準，不是想怎麼做就能夠怎麼做。例如，你可以認為吃素很好，你吃素對其他人不產生影響，這是你的修行標準。不過你不能認為偷竊很好，把偷竊當成你的修行標準，因為這個行為已經影響了其他人。因此自行訂定的行為標準，通常築基於社會道德上，並且高於社會道德標準。更因為修行是在於自我道德的提升，因此標準也會不斷地往上訂定，這才是自訂戒律規範自我的意義。」

修行的第二步驟：

不同眼界體驗因果

聽老師講述自訂戒律規範自我的意義後，素食主義的王師兄心有所悟地猛點著頭，並且露出難得的笑容。老師接著說：

「瞭解了修行的第一步驟，接下來，老師先跟大家講個故事。」

我發覺濟公老師傳法很喜歡講故事，而那些故事無論我有沒有聽過，祂總是能夠透過故事傳達出許多道理。

濟公老師說：

「從前有一位篤信佛法的國王，他為人剛正不阿，處理任何事情，總是秉持著正義公理。有一天，正當他巡視著地方時，碰巧有一隻鴿子被一隻老鷹追趕著。這隻鴿子看見國王後，趕緊飛到他的身旁，請求國王的保護。這位國王因為不忍鴿子被老鷹獵食，就將鴿子收藏在懷中，保護著牠。這時老鷹也緊追在後地飛到國王的身邊，對國王說：『王救鴿，不免害鷹。』國王聽到老鷹這麼說，一時愣住了。沒錯，救了鴿子，老鷹沒有了食物不就會餓死，那這樣不是自己間接地殺了牠？如果不想老鷹死，難道真的要將鴿子交出來當作牠的食物？這時候，國王為了要救鴿子又不想害死老鷹，決定割下自身的肉來替代鴿子餵食老鷹。這是佛教割肉飼鷹的故事，講的是這位國王的大勇，連自己的身體都可以布施於他人。」

濟公老師有時候也會幽默一下：

「當然，老師不是要你們把身體布施出去，老師是要你們從這個故事中，體會到如何用不同的眼界去看到不一樣的事實。」

濟公老師接著分析說：

「一開始國王基於保護弱勢者，認為老鷹捕殺鴿子是不對的行為，這當然是站在鴿子的立場所產生的想法。如果國王僅以這個片面的眼光，就論定老鷹是不對的而驅離牠，如此他雖然救了一條性命，但是也害了另一條性命。當國王換個眼界，站在老鷹的立場上去思考，他發現老鷹為了求生存而獵食，其實也沒有錯，這是牠的求生之道，不這麼做牠是無法生存的。所以最後他願意犧牲自己來救這兩條性命。」

濟公老師做了個小結論：

「從這個故事中我們可以看到，若是以片面的眼光就倉卒地評論是與非，往往不是事實上的對與錯。在你們身邊不是也有很多的事件，需要從不同的眼光去觀看、去瞭解嗎？」

這時候，濟公老師舉了個時事為例：

「日前報章報導，一位婦人攜了年幼的兒子，在便利商店中偷竊了奶粉。偷竊當然是一個公認不對的行為。一位母親攜了子女而偷竊食物，使得她的孩子得以繼續生存，在普世的標準下她也許是錯了，但站在母親的角度想，沒有這麼做，也許才會讓她後悔一輩子。」

最後老師總結了這兩個小故事，說：

「當我們以不同的角度去思考同一件事情時，我們會發現每件事都不是『想當然耳』那麼地單純，而是『是、非、對、錯』錯綜複雜交織的結果。我們若只是以單一的角度去看，就匆忙地論斷是、非，這樣絕對無法完整地瞭解一件事情的始末關係。因此不急著評論事情的對、錯，同時以不同的眼界體驗事物的因果關係，進而從中去學習、體悟，如此將使我們更懂得寬容與體恤。這也就是修行的第二個步驟：以不同眼界體驗因果。」

修行的第三步驟：

積極進取提升自我

三弟趁濟公老師講到一個段落，趕緊提出疑問：

「法律也許無法兼顧情理，但是社會道德不就是告訴我們什麼是『是非善惡』嗎？」

三弟可以說是一位最認真的學員，上課前就已見他準備了一大堆資料。據他所說，這樣才能和老師好好討論。

濟公老師輕搖羽扇，慢慢喝了一口酒，對著三弟反問：

「普世的道德標準真的存在嗎？」

不等三弟回答，濟公老師繼續說：

「以牙還牙，以眼還眼，是一些社會中所奉行的道德行為。甚至可以因此犧牲掉性命，而且稱它為聖戰。為聖戰所犧牲的人，將受到最高的禮敬。不過，這些他們所認為的最高道德行為，在其他社會裡卻視之為恐怖行動。另外，在過去的社會中，一個人擁有三妻四妾，代表著這個人的社會地位崇高和財富過人。但是現在的社會裡，謹守一夫一妻那才叫做專情。一個人擁有第二個妻子，不但不被認同，甚至必須接受律法的懲治。」

看著三弟點著頭，濟公老師接著說：

「不是道德標準不存在，而是普世的道德標準，會隨著時間、空間的不同而有所轉變。所以，現在你們所認知的道德，它日後會一成不變嗎？當然不會，它依然會隨著時間、空間與人文環境的不同，而繼續地改變。」

三弟急著繼續發問：

「現階段的道德標準既然不是唯一而不變的，那我們應該以什麼做為我們行事的標準？」

濟公老師慢條斯理地回答：

「剛剛老師談過，行事的標準都應該是自己訂給自己奉守，而且它需要築基在現階段的社會道德上。只不過社會道德是常變的，所以我們訂給自己的標準，就不僅應該符合於現階段，而且還要去超越它，使這個標準能夠符合於未來。那麼我們應該怎麼做，才能使自己能夠超越現階段的道德觀？」

接著濟公老師自問自答：

「一個修行者應該不斷地充實自己、精進自己，汲取廣泛的知識，建立正確的信念，樹立追求的目標，提升自我的道德價值觀。使行為的標準不只符合於現階段的普世價值，更要能夠超越。不只如此，更應該時時刻刻地檢驗自己的行為，是否符合自己的道德價值，使自己無時無刻去追求更高的行為規範。」

濟公老師講到這裡，又做了一個結論：

「修行決不是閉門造車、故步自封，更不是特立獨行的作為。而是隨著時代的演變，持續地精進，不斷地創造一個全新的自我，去面對周遭的變遷，是一種積極經營自我的人生觀。這就是修行的第三個步驟：積極進取提升自我。」

修行的第四步驟：

起心動念同如實為

頂著醫學博士頭銜的春姐開口問道：

「如果訂定的標準自己做不到，那怎麼辦？」

濟公老師微笑地回答她：

「做不到就不要勉強自己，因為這個標準不是讓你用做的。」

只見大家都張大了嘴，一頭霧水，訝異於濟公老師所說。春姐更急著問：

「行事標準不是用做的，那這標準訂來做什麼用？」

濟公老師依然慢慢地回答：

「在你們周遭人、事、物的變遷，其實都存在著非常錯綜複雜的因果關係。

面對這些變遷，你們所訂定給自己的行為標準，不一定都能夠做到。老師簡單舉一個例子，假使你給自己的行為標準是不能殺生，但因為國家面臨戰亂，你被徵調到了軍中，面對敵人，你能夠繼續奉守自己的標準嗎？又假使你給自己的行為標準是不妄語，面臨即將往生的病人，你可以毫不避諱地告訴他即將死亡的事實嗎？也許能，也許不能。」

春姐這時才緩緩地點了一下頭，濟公老師接著解釋：

「修行是在於修行者內在的修持，面對人、事、物的因果關係，應該抱持著順從的心境，不能過於拘泥。所以訂定給自己的行為標準，面對現實環境的變遷，能夠奉守要盡力奉守，不能奉守就需要變通。不過，因為是修行者內在的修持，所以給自己的行為標準，無論在現實中做與不做，只要有起心動念，都應列入自我的反省之中。例如，我們看到一個人身懷巨款，一時間心起貪念竟想謀奪。雖然這只是想一想，在現實中並沒有真正去做這件事，但是如此就已經算是犯了過錯。修行者就應該即時去面對自己的過錯，自我譴責並及時改過。這就是修行的第四個步驟：起心動念同如實為。」

終於，大家張大的嘴一個一個地閉了起來。濟公老師最後下結論說：

「禪修是一種重於心靈的修行方式，心靈的提升重於一切的行為。因為當我們面對世事，有時候自己並不能隨著自己的意願來作為，不過，心靈的修持卻是只有自己能夠掌控，它可以完全不受外力所干擾。只要你的心法建立起來，你的心性自然會引領你的作為。因此禪修可以說是一種由內心修持，進而影響外在行為的修行方法。所以它不像其他法門有諸多戒條、規律須嚴謹奉持。所奉守的戒律，是在不受外力干擾下，由自己訂定給自己所奉守的，只是對於自己覺得應該奉持的戒律，是連起心動念都不可以。因為如此，禪修可以說是一種最方便的修持法門，也可以說是一種自己對自己負責的法門。」

講到這裡，濟公老師稍微停頓了一下，接著預告下次課程的主題說：

「你們應該聽說過，禪宗的心法就是『明心見性』四個字。老師希望下次由你們先告訴老師什麼是心？什麼是性？法是永遠講不盡的，今天老師就先講到此。」

三弟趕緊帶領著大家起立，在「恭送老師」的稱頌下，濟公老師退駕了。

「辛苦了！老師講得真的好棒。」

看見濟公老師退駕，林姐趕緊過來問候我。接著大家就開始七嘴八舌地討論起來了。

「自己給自己標準，說簡單好像很簡單，但是要給自己什麼標準才對？」

「老師不是說過，你認為對的，就是對的。」

「連起心動念都不行，這有點難咧！」

「誰有錄音，錄音檔可以給我嗎？我想再多聽幾遍。」

「什麼是明心見性？哪裡可以找得到資料？」

「下次什麼時候上課？好期待喔！」

最後還是由林姐結束了大家的討論：

「下星期三同一時間，請各位學員準時到達，不准遲到。」

愛開玩笑的三弟很認真地接口回答：「這是你的標準，不是我的。」引起了大家一陣笑聲，第一班的第一堂課就在這歡笑中結束了。

第一堂課的思考

向學的決心

就在大家離開後，我自己一個人，開始回想著濟公老師今天所說的一切。我依然充滿著疑惑，為什麼可以透過從來沒有讀過佛經的我，講出這些生活佛法？這些道理看起來簡單，卻又處處充滿值得深思的內涵。我確定這不是我所懂的事，但是透過濟公老師的傳法，我所理解的好像比祂講出來的還多。總覺得表達的意思還不夠完整，像是缺少了什麼。

這時候，那種在腦中回答我的話又出現了：

「知識的累積方能使意思的表達完整，老師只能從你的知識庫中重新組織字彙。你懂得越多，老師自然可以講得更多。」

我突然恍然大悟，祂們傳遞在我身上的訊息不只這些，但是我的知識庫中的內容卻不足以去解讀，所以我才會覺得濟公老師所講的似乎不夠完整。那麼，如果我用心地學習，是否可以讓這些訊息更完整的表達？

「當然可以，這樣老師才會有更多的字彙得以運用。」

我真的覺得祂是一位最好的老師，祂能點燃我向學的決心，心甘情願地學習，甚至不必對我耳提面命。在敬佩祂們之餘，我期待著下次傳法的到來，我相信，濟公老師還有更多的道理要讓我學習。

第二堂課——明心見性

開場白：

本心與本性

「你有沒有查一查什麼是明心見性？」

「待會兒老師如果問我，我都不知道怎麼回答。」

「只知道是禪宗的心法。」

終於又到了濟公老師授課的時間，有了第一堂課的經驗，時間未到大家就已經齊聚。我當然不參與大家的討論，坐在一旁靜候濟公老師上駕。時間一到，濟公老師準時上了身，我又開始了另一場夢之旅。

隨著三弟駕輕就熟地帶領大家稱頌：「恭迎老師講法。」濟公老師緩慢地就座，開言道：

「禪宗的心法就是明心見性，要瞭解明心見性的意義，我們先要瞭解什麼是心？什麼是性？今天老師就先聽聽你們如何談心與性。」接著濟公老師一一點名，要大家先說心、性的意思。

「心就是意念、想法，性就是佛性。」

「心是心念，性是佛性和魔性的合稱。」

「心就是心靈，性就是本來的面目。」

「心是佛心，性就是我們不生不滅的本體。」

「生起的念頭和思想就是心，性是心的本源。」

……

等到大家都說出了自己的想法後，濟公老師用非常現代的語詞說：

「我們知道構成宇宙的基本兩大要素是物質和能量，而構成生物的兩大要素，同樣是物質性的肉體與能量性的靈魂，所以生物的存在並不脫離於宇宙定律。只是一個肉體所具有的生物機能，必須藉由靈魂的力量來驅動，這種機能才有辦法順利地運作。就像一部電腦，輸入了電源之後，電腦的功能才能夠呈現出來。」

濟公老師喝了一口酒繼續道：

「生物的肉體會本能性地保護自己，為了確保自己可以繼續生存，會排除威脅他繼續生存的所有因素。這種生物本能是不經過思考的，所表現出來的行為，就是所謂的利己行為。例如一個溺水的人，他會將所能捉到的一切事物，甚至是前來救援的人往下壓，不顧一切，只為自己能夠往上浮起來。這種利益自己本能性的作為，就是一個人的本心。因為本心是自私地保護肉體，也成為傷害他人的最佳理由，所以本心可以說是一個人所有惡的來源。」

年紀最輕的阿萍開口問道：

「所以老師贊成人性本惡？」

濟公老師維持和藹可親的笑容回答：

「人性本惡只描述了一個人本心的部分，也就是肉體保護生存的本能部分。人性中另外還存在著一個善的來源，就是為追求圓滿而歷經輪迴的靈魂，所以說人性本善也沒有錯。」

濟公老師繼續解釋：

「剛剛老師談過，靈魂是一種能量性的存在。就能量而言，同樣的能量會聚集在一起而不分彼此。就像很多盞日光燈，同時照射在一個地方，你會分不清楚是哪一盞日光燈所照射出來的光線。靈魂就是一種能量，所追求的圓滿就是要融合所有的一切，讓一切不分彼此。因為靈魂擁有與他人融於一體的特質，所以每個人都會有人飢己飢、人溺己溺的惻隱之心，這種特質會促使我們去做一些利益他人的事情。這一種追求圓滿的特質，也是不經過思考，很自然地呈現出來，這就是所謂的利他行為，是一個人善的來源，也是我們本性的所在。」

我發覺濟公老師每次切入主題的角度，總是會讓人有一種驚訝的震撼。接著祂為本心與本性的意義下了結論：

「本心是我們擁有的生物本能，這種本能會產生趨向於利己的行為，是一切惡的來源。本性則是靈魂追求一切圓融的特性，這種特性會產生趨向於利他的行為，是一切善的來源。靈和肉這兩者之間，其實就是一種對立的結合，就是人本心與本性的結合，而且是缺一不可的。」

濟公老師進一步舉例說：

「試想今天你和另外一個人同時流落於荒島上，恰巧你有一塊麵包，能讓你多活一天。你會讓給另外一個人，還是留著自己吃？」

「一人吃一半，兩個人一起活半天。」

學員中唯一夫妻檔的黎太太很自然地搶著回答，她應該想著荒島上的另一個人是黎師兄。

濟公老師還是維持祂笑容可掬的模樣說：

「大多數的人會選擇將這塊麵包隱匿起來，保護自己得以繼續生存，因為這是我們本心的自然做法。而追求圓滿的靈魂本性，會改變、調整這種做法。所以你才會有一人吃一半，兩個人一起活半天的想法產生。」

濟公老師進一步闡述：

「人性可以說是一種惡與善的集合體，所以沒有一個人是全善的，當然也不會有一個是全惡的人。當明瞭了我們在本心中存在著一切惡，才能開發我們本性中的一切善。這就好比一個人不知道自己有錯，他又如何去改過？唯有瞭解了自己確實有錯，才能讓自己去改變、矯正這個錯誤。因此，拒絕承認自己擁有一切惡的人，沒有辦法體會到真正圓滿的善性。」

接著老師用很短的字眼解釋什麼是「明心見性」：

「所謂明心見性，就是明白自己的本心後，讓自己的本性呈現出來。也就是要先清楚、明瞭自己其實擁有著一切惡，這樣才能促使自己的一切善顯現。」

六波羅蜜之一：

布施波羅蜜

三弟可能覺得濟公老師對「明心見性」的解釋太抽象了，於是問道：

「請問老師，明心見性有沒有更具體的做法？」

濟公老師溫和地回答道：

「心法即是觀念，觀念的改變很難有具體的做法。不過，『六波羅蜜』勉強可以說是明心見性的具體作為。」

對佛學頗有研究的王師兄接口道：

「是布施、持戒、忍辱、精進、禪定和智慧嗎？」

老師以嘉許的眼光看著王師兄說：

「沒錯，這就是六波羅蜜。所謂波羅蜜就是到達彼岸的意思，也就是六種到達彼岸的方法。為什麼稱它勉強可以說是明心見性的具體做法？老師現在就為你們解說。」

濟公老師接著說：

「第一波羅蜜是布施。這裡所說的布施，並不是施捨了什麼東西給其他人，就可以到達彼岸。這裡所說的布施，是一種超越施受關係的布施。」

看到大家似乎都聽得一臉茫然，正在讀研究所的小陳趕緊急著發問道：

「什麼是超越施受關係的布施？」

濟公老師還是慢慢地說：

「自然界的一切事物，都存在著一種交換原則。就是我們多餘所不要的，將提供他者使用，同時他者將回饋我們所不足而想要的。就像我們排出的二氧化碳提供植物使用，植物回饋我們所需要的氧氣。也就是說布施者在布施的同時，也得到了來自受施者的布施，這種『施者即受者、受者即施者』的關係，就是老師所說超越施受關係的布施。」

濟公老師接著舉例說明：

「就像你布施了一碗飯給好幾天沒得吃的人。當看到他得到滿足的同時，一種欣喜的情緒會很自然地出現在你的心中，其實這個時候他也已經布施了你快樂。如果沒有他的出現，你無法得到這一份快樂；他出現了，你沒有布施這碗飯，也一樣無法得到這份快樂。所以當我們做為布施者的時候，需要抱持著感恩的心情去面對受施者，因為我們同時也在接受對方的布施。這種布施就是一種超越本心，以本性所去作為的一種布施，也就是所謂的布施波羅蜜。」

六波羅蜜之二：

持戒波羅蜜

講到這裡，濟公老師刻意地停下來，讓大家消化一下這些話，然後接著說：

「上一堂課老師曾講，所有的戒律，應該由自己訂定給自己奉守。並且需要時時檢驗，進而提升自己的戒律，其實就是藉此來瞭解自己的本心與本性。持戒波羅蜜，就是以本性的圓滿本質訂定戒律，由奉守戒律的過程，瞭解自己的本心中其實存在著一切惡，甚至進一步來去除這些惡。」

因為上一堂課才上過，所以這部分大家好像比較容易理解。濟公老師也很快地進入第三波羅蜜「忍辱」。

六波羅蜜之三：

忍辱波羅蜜

「『忍辱』兩個字，從字面上的解釋，就是忍受侮辱。不過忍受別人所帶來的侮辱，就能使我們到達彼岸？當然不只如此。那什麼才是忍辱波羅蜜的真正意涵？」

提出這個引人深思的問題後，濟公老師喝了口酒，自問自答道：

「要瞭解忍辱波羅蜜，我們要先懂得人生的經歷，其實就是在追求圓滿過程中，改變自我的歷程。每個人終其一生，從外在的相貌到內在的思維都在改變。試想，三歲的你和三十歲的你，怎麼看都不像是同一個人，但是他確實是你外相轉變的結果。對於同一件事，更可能你今天和明天就會有著完全不一樣的看法。外相上的改變是一種生物機能，是避免不了的生老過程。但是內在思維改變的動力是來自何處？就是來自於你的人生所發生過的每一件事。」

黎師兄很嚴肅地發問：

「人生經歷無論是好是壞都是我們改變的動力嗎？我們不是應該趨吉避凶才對？」

濟公老師微笑地回答道：

「趨吉避凶就是一種生物的本能，也就是我們都會很自然地選擇面對有利的，並且避開有害的人、事、物。但這樣只是順應著我們的本心，保護好這一個肉體而已，並不能藉此引發本性中的圓滿善念。況且實際上，每一個人的一生也是時時面臨到挫折，一味地逃避將無助於人生的修行。而且人的最大改變，通常都是發生在受到挫折之後。所以學習如何去面對挫折，從挫折中體悟如何圓融地面對事物，反倒是人生修行過程中相當重要的一個歷練。站在修行的角度來看，我們應該趨吉而不避凶，凡事都應積極地面對。因為真正的修行是在生活之中，最好的方法就是認真地過生活。」

黎師兄認同地點著頭，濟公老師接著說：

「我們的生物本能也就是本心，它會自然地厭惡、排斥對我們施辱的人。而追尋圓滿的本性，不但接受這些施辱之人，甚至會感謝他們，因為他帶給了自己轉變的機會，使自己有機會趨向於圓滿，這就是忍辱波羅蜜的意義。」

六波羅蜜之四：

精進波羅蜜

聽濟公老師說明忍辱波羅蜜的真諦後，王師兄接著追問：

「我們要怎麼做才是認真過生活？」

濟公老師很快地回答道：

「所謂的生活，就是我們日常面對人、事、物的過程。在這個過程中，我們並沒有辦法讓自己的生活只有好事而沒有壞事發生。也就是說，我們並不能夠自主性地做選擇，而是常常被動性地去面對生活點滴。但是我們會在這個過程中汲取經驗，藉由這個經驗改變自己的觀念與做法，使自己能夠擁有一個更好的未來。」

這兩年在金融市場一直做得不順遂的劉姐，抱著開玩笑的口吻接口道：

「缺錢的經驗也可以改變得更好嗎？」

濟公老師笑笑地回答：

「生活中缺錢是事實，你就無法迴避這個問題。這個問題也許在一時之間無法立即改善，但是你會很自然地回想，是什麼原因所造成的。無論最後你是歸咎於環境因素，或者是自己的判斷、分析不足，總是會以此為經驗，蒐集更多資訊，使下一次進場與退場的時機更加適當，這就是老師所說的認真過生活。也就是不但不拒絕面對生活中的順境或逆境，反而以更積極、更專注的心思來面對，這就是認真。」

「所以缺錢還是繼續缺錢囉！」

劉姐的玩笑逗得大家一片笑聲。

濟公老師也笑著回答：

「缺錢確實危及了生命的存續，人的本心很自然地會厭惡這件事。所以當一個人缺錢，總是將原因歸咎於自己無法掌控的因素而怨天尤人，拒絕面對這問題。甚至不惜作奸犯科，只為了短時間排除這個問題。」

濟公老師喝了口酒，繼續說：

「認真過生活的意涵，就是不排斥生活中的問題，而且要從這些問題中去體悟、學習，藉此將自己的修行平台往上提升。站在這個提升後的平台上，再次地體悟、學習，運用這些體悟又再次將平台繼續往上築。如此不斷地往上架構自己的修行平台，最後體悟到自己本性的圓滿，這就是第四波羅蜜『精進』的意涵。」

六波羅蜜之五：

禪定波羅蜜

因為禪修的功法有專門一堂課將要講述，所以濟公老師很快地帶過禪定波羅蜜：

「第五波羅蜜是禪定。本心是物質性肉體的本能，是緣起於六識感官的反應，也就是眼、耳、鼻、舌、身、意的知覺。就好比你會感覺到肚子餓，促使你趕緊吃進食物；你會覺得冷，趕緊添件衣服，這都是肉體為了維持生命的存續，所產生的自然反應。因為六識知覺是直接而明顯的，所以我們常過於信任這種知覺，而放棄六識以外的感覺，把它認為是一種錯覺。禪定講究的是單一而專神，並且要忽略掉六識的感覺，刻意地追尋六識之外的感受。這麼做的目的就是為了使自己的靈魂磁場穩定，使本性中追求圓滿的本質呈現。甚至經由這個穩定的磁場與環境中的其他磁場進行互補有無，這就是所謂的禪定波羅蜜。」

林姐像捨不得禪定波羅蜜就這樣帶過，趕緊問道：

「老師等一下，什麼是互補有無？」

濟公老師慢慢地回答道：

「剛剛老師談過，自然界的一切事物，都存在著一種交換原則。這就是《道德經》裡所說：『天之道，損有餘而補不足。』也就是每一樣事物都會將他多餘而不要的，拋棄在這個大自然中，由其他需要的事物來吸收。靈魂磁場也是藉由這種法界自然交換的原則，透過禪定的功法，與大自然進行交換，排除我們不要的能量，吸收我們欠缺的能量。只是禪定的功法，必須先擁有正確的觀念，及對靈魂現象的瞭解為基礎，修持功法才能事半功倍。這部分，老師留待日後再跟你們詳談。」

六波羅蜜之六：

智慧波羅蜜

春姐這時候加入討論的行列：

「靈魂的本質不就是圓滿嗎？為什麼還需要進行交換？」

濟公老師好像嘉許春姐這個提問，點了點頭道：

「每一個人、事、物都存在著圓滿的本質，當這種圓滿呈現出來，當然就沒有必要再進行交換，也就是代表著他不必再改變。但是當圓滿還未能呈現前，會有過多或不足的現象，需要透過這種自然交換的機制來尋求圓滿。假設有一杯沸騰的開水，以及一杯冰水，而三十度的溫水是一種圓滿。我們知道，這兩杯水都有達到這種圓滿的本質性存在，只是在還未達到圓滿前，它們需要進行熱量的互相交換，如此才能使這個圓滿的本質，最終得以呈現。我們的靈魂磁場也就是本性，雖然具足著圓滿的本質，但是在圓滿本質尚未呈現前，需要與其他的靈魂磁場進行互補有無。」

「那麼是不是所有的靈魂都是不圓滿的？」

春姐繼續追問。

濟公老師很耐心地回答道：

「當然，圓滿的靈魂，不必再有任何的改變，也就不需要再有分別性的名稱，我們所稱的佛或者是道，就是對圓滿靈魂的統稱。而未圓滿的靈魂，雖然擁有成佛、得道的本質，但是因為未圓滿，所以都需要藉由名相來表示他的存在。包括老師都是還未完全圓滿的靈魂，所以老師需要以濟公禪師的名相，表示老師的存在。」

小陳接口問道：

「靈魂藉由名相來表示存在的目的是什麼？」

濟公老師又喝了一口酒後道：

「靈魂與名相的關係，其實是相當地複雜，老師先由三個方向來說，希望你們可以明白。

「第一是靈魂因磁場的差異會自然地選擇不同的名相。靈魂藉由你們熟知的六道輪迴，也就是天、人、阿修羅、地獄、畜生、餓鬼等六道名相，做為追求圓滿的工具使用。而且你的靈魂磁場適合在哪一道，自然就會以哪一個名相呈現。你們現在之所以擁有人的外相，其實就是因為你們的靈魂磁場，適合以人的方式追求圓滿。只是，六道說法是一種文化的認知，靈魂自然選擇外相的結果，其實不僅僅只有六道而已。例如依附在山川木石等靈魂，就很難將祂們歸納在何處。

「第二是靈魂藉由名相來表現修行的獨立性。老師以人為例，每個人都有一個姓名，這個姓名除了用來記認你，更代表著你在這個宇宙中是獨一無二，無法取代的存在。就算是孿生子，他們是最接近的兩個人，但是依然會有著完全不一樣的人生過程。絕對不會有完全一致的人生，發生在兩個個體上。靈魂就是以這種獨立性的修行，達到各自圓滿的轉變。

「第三是靈魂藉由不同的名相來體會圓滿的一致性。個體的修行雖然具有獨立性，但是環境卻充滿著善變與互動。因此當靈魂圓滿的本質尚未呈現之前，我們可以藉由各種名相來體悟這種圓滿。就像水未歸於大海之前，我們嘗試著去瞭解雨水、河水、冰雪存在的意義，會發現它們最終的本質，竟然就是都會成為海水。同樣地，當靈魂藉由名相體悟到這種圓滿的一致性，就會發覺名相其實是不必要的。但是不經由名相，卻又無法使圓滿的本質呈現。這種藉由名相來瞭解圓滿本質的過程，就是所謂的智慧波羅蜜。」

最後老師總結六波羅蜜的意涵：

「一個人是藉由肉體這個名相，來體會靈魂的圓滿本質，也就是藉由瞭解本心來呈現本性。這就是為什麼六波羅蜜是禪宗心法，明心見性具體做法的原因。今天老師看你們對靈魂都非常有興趣，能夠瞭解靈魂的現象，確實是修行很重要的一門功課。老師下次就跟你們談一談真正的靈魂現象是什麼，今天老師就先講到此。」

在「恭送老師」的稱頌下，濟公老師講完了第二堂課。

退駕後，大家的討論更加熱烈。

「老師的用詞都好現代喔！沒想到佛經也可以用這種方式講。」

「老師說祂也是不圓滿的靈魂，是什麼意思？」

「你剛剛怎麼不問？下次再問老師囉。」

「靈魂為什麼要追求圓滿？我還是不懂。」

「老師不是說是本性自然的作為？」

「靈魂是阿飄嗎？」

「靈魂是不是真的會出竅？」

甚至有人直接問我：

「老師靈魂上你身是什麼感覺？」

「老師是長什麼樣子？你有沒有看過？」

……

最後依然是林姐出面說：

「各位同學，下星期同一時間請準時，不准遲到。」然後她看著三弟補充說：

「這是大家的標準。」結束了今天的課程。

第二堂課的思考

認真過生活

等大家離開後，又回到我的個人時間。今天濟公老師一句「認真過生活」的話，引起了我無限的反思。自從和這些「神」打交道後，我自覺在祂們身上學到了非常多的道理。但是我卻一直停留在乩童是個無知、低下的人的觀感，而排斥這個身分。想想在這段時間裡，有多少的抱怨、多少的不滿隨著自己的情緒而發洩，我浪費了多少時間在抗拒，卻不懂得藉這種機會充實自己，這才發覺自己根本沒有真正認真地過生活。我也再度明白，雖然濟公老師藉由我這個身體與其他人接觸，但是實際上真正的受益者是我。

我下定決心，從現在開始，「認真過生活」就是我的座右銘，也是我人生努力的方向。當下我許了個願，日後有機會，我要將濟公老師所教給我的知識寫成書，讓更多人受益。也更加期待濟公老師下一次的課，因為我也想知道什麼是靈魂的真正現象。

第三堂課——靈魂的現象

開場白：

從瞭解生命的模式開始

好不容易，濟公老師上課的時間又到了。大家今天都是有備而來的，各個抱著一堆資料，可想而知，今天的課一定很精采。果然，在上課前，大家已經七嘴八舌地討論起來了。

「我這本書專門在說輪迴轉世的故事，不知道是真的還是假的？待會兒我想問老師。」

「我有一個同事是陰陽眼。靈魂真的看得到嗎？」

「靈魂是不是跟我們生活在不同空間內？所以天堂、地獄也應該在其他空間中。」

「我有找到三魂的名稱咧！就是生魂、覺魂、靈魂。」

「ㄟ？怎麼跟我的不一樣？我找的三魂叫做爽靈、胎光、幽精；七魄叫做屍苟、伏矢、雀陰、吞賊、非毒、除穢、臭肺。」

他們真的都懂得比我多，這使得坐在一旁等待濟公老師上身的我，更加謹慎小心地收斂心神，生怕自己的意識影響了濟公老師的話。接著，我漸漸進入了半夢半醒的狀況，隨著「恭迎老師」的稱頌，濟公老師準時上身了。

透過科學來認識靈魂

入座後，祂先喝了口酒，然後說：

「今天老師要跟你們談靈魂，但是過去對靈魂的假設太多了，所以我們需要先定義什麼是靈魂，這樣才能將靈魂的現象談清楚。不過要定義靈魂，我們要先瞭解我們的生命模式。」

濟公老師緩慢地以目光巡視了每個人，繼續說：

「當我們審視生命的同時，首先應該重新認知什麼是『我』。通常『我』這個字眼，是指我們的身體。但是你們想想看，這個『我』是由多少個小生命所組成。除了組成身體的細胞外，還需要有非常多的微生物共生，你這個肉體才得以生存。我們會稱這一個整體為『我』，但是絕不會把共生於這個身體內的細胞或細菌稱為『我』。」

接下來濟公老師的話，讓我發覺祂真的是非常現代的神明，因為所說的竟然都是科學的理論，而不是只談神鬼而已。

「若是依目前科學家的發現，物理實體其實不是物質與非物質兩種，而是只有一種，就是『電荷』。世界上的萬物，不管多麼地沉重，多麼地巨大，回歸到最基礎的層級，就只是一群電荷的存在。物質不滅定律與能量不滅定律告訴我們，我們的身體其實永遠不會消失。只是在這無垠的宇宙中一直在做變化，我們只是一群電荷所組成的一個物體。所以一個生命的組成，常是由許多細小生命和諧的組成。也就是說，生命絕非各自獨有，而是一個和諧的集合體。」

這時候阿萍搶著發問：

「什麼是電荷？」

濟公老師微笑地回答：

「構成宇宙所有一切的最基本單位，就是帶有正電荷或負電荷的細微粒子。老師若以傳統的語詞稱為陰與陽，你就能懂了。只是傳統的語詞，容易使人陷入傳統的迷失中。就像老師若談陰陽二字，你的思想會帶著你自然聯想到《易經》，甚至聯想到命運，把一個現代的道理玄奇化。所以老師盡量運用現代的詞彙，使你們不至於受困在傳統之中而不能理解。」

原來如此，難怪濟公老師今天這麼科學，連「量子說」都出來了。回答了阿萍的問題後，濟公老師繼續說：

「生命既然是由許多細小生命所組成，靈魂的生命當然也是如此存在。也就是說靈魂是由許多小靈魂所組成，而這些靈魂能量是依頻率相近的磁場聚合而成。所聚合的這種靈魂能量，是帶有生物訊息的能量場。因為具有生物訊息，所以能夠透過生物傳遞訊息的系統，使生物的機能回應這種訊息，產生意識性的行為。這就是靈魂與肉體的配合方式。」

林姐疑惑地問：

「什麼是生物訊息？傳遞系統又是什麼？」

濟公老師緩緩點頭道：

「生物訊息是一種可供神經系統傳導、反應的訊號。這種訊息分為兩種，一種是靈魂的生物訊息，這種訊息並不是轉化外界環境刺激所產生，而是存在於靈魂中，是靈魂的一部分。當這種訊息在人體中，經過大腦的回應後，就成為一個人的個性、價值觀與邏輯判斷。

「另一種是生物體反應外在環境的刺激所產生的訊號。這一種訊息，在人體中的回應機制也分為兩種。一種是經由反射神經接收後，直接反應的訊號。例如你的手碰到熱的東西，這種生物訊息不必經由大腦反應，反射神經會馬上反應將手收回，這是為了保護肉體所產生的自然反射動作。

「還有一種是需要經過大腦解讀然後回應的訊息。例如你之所以會看到東西，是眼球將外界所接收的光的刺激，轉化為生物訊息，經由視神經傳遞到大腦，解讀之後讓你感知你看到了什麼。

「生物訊息的傳遞系統，就是指人體的神經系統而言。每個人的神經系統都竄流著生物電，運用這種生物電，傳遞所有的生物訊息至中樞神經系統，也就是

靈魂的疑問之一：

這世上真的有陰陽眼嗎？

接續關於訊息的話題，林姐追問：

「有些人擁有陰陽眼，可以看得見神鬼，那是怎麼一回事？」

濟公老師看著她，笑笑地回答：

「我們知道，靈魂實際上並沒有一個可以看得到的實體存在。當大腦接收自身以外的靈魂訊息後，因為陌生，有時候並不清楚應該如何正確地回應這種訊號。但是，接收訊息後，大腦還是會選擇一種方式去回應。

「一般人的大腦，常常會選擇忽略掉這種訊息。不過當大腦選擇忽略時，身體的保護機制，這時候就會自然地產生一些反應。例如害怕的情緒，或者是寒冷的感覺，甚至是身體的不舒服，使自己不由自主地逃離這種陌生的訊息。就是這種身體的自我保護機制，使我們一直認為鬼就是會使人感覺害怕、不舒服，甚至是對人有傷害的。因此會有人鬼殊途、陰陽對立的說法。

「但是，有些人的大腦會選擇將這種訊息，當作視神經所傳遞的訊號來回應，如此就會使他看到實際上並不存在的事物。只是這種訊息並不是真正的視覺訊號，所以呈現出的事物常常是模糊不清的影像。這就是為什麼有人會宣稱自己有陰陽眼，可以看得見鬼神。」

陰陽眼是大腦對不明訊息的錯誤判讀

哦！原來所謂的陰陽眼是大腦對不明訊息的錯誤判讀，那麼我看不見諸眾神明，是不是證明我的大腦對訊息的反應才是正確的？

接著，濟公老師總結人類生命的構成：

「人類生命是物質量場、生命量場和靈魂量場這三種量場和諧的集合體。也就是說，每個健康完整的人，都會擁有一個物質性的肉體，和一套生物訊息的傳遞系統，以及一組主控判斷、抉擇的靈魂。當這三者處於一種自然的平衡狀態下，會分別主導著一個人在環境中的際遇關係、身體的健康狀況，以及面對事物的邏輯判斷。」

身體會反應外在的靈魂訊息嗎？

「老師說我們的身體會反應自身以外的靈魂訊息，為什麼我都感覺不到？」王師兄提出了一個滿富挑戰性的問題。

濟公老師不疾不徐地回答：

「不管你願不願意，每個人都無時無刻在向外散發靈魂的生物訊息，也無時無刻在接收外來的訊息。接收、反應外界的訊息是每個人都具有的功能，是屬於生物機能的一部分。就像你面對一位陌生人所產生的第一眼印象，會感覺到他是怎麼樣的一個人，跟自己是不是合得來，對自己是有幫助還是有傷害的。這都是因為你接收到對方所帶給你的訊息，所做出來的自然反應。

「只是對於這種訊息的接收，遠不如生物感官系統來得明顯，也就是我們會比較相信看得到、聽得到、摸得到的事物。所以我們常常會忽略這種接收，或刻意地避開這種感知，把這種知覺當作是自己的錯覺。例如對於預知天災的發生，許多動物都比人類敏銳，即是如此。

「而且人體對訊息的反應，存在著個體的差異，因此也會有靈敏程度上的差別。這就像每個人都可以使鋼琴發出聲音，但是真正能夠成為音樂家的卻是少數。你會覺得自己並沒有接收、反應外在的訊息，一方面是因為訊號接收得太過自然，另一方面是因為接收的訊號不夠強烈，所以才會使你疏忽了這種知覺。」

聽了濟公老師的回答，王師兄深有同感地點了點頭。

靈魂的疑問之二：

天堂與地獄實際上存在嗎？

趁著空檔，三弟提出了他的問題：

「那麼天堂、地獄實際上存不存在？」

濟公老師喝了一口酒，慢慢地說：

「因為人的思維方式是以自己為宇宙的中心，向外做輻射性的思考，所以才會有日、月、星辰皆是以地球為中心而運轉的觀念。這種天圓地方之說，在過去是一種不變的真理，但是在現今時代，卻是一種錯誤的觀念。

「關於靈魂的假設，過去是以對一個『人』的認知，投射在靈魂身上。因為『人』是以一個『個體』的方式存在，而且擁有獨立的行為模式與思考邏輯。由此來設想，當一個人的物質生命結束時，他的靈魂當然還是保持著『個體』的存在模式，繼續過著靈魂的生活。因此，許多宗教為了滿足這種觀念，創造了『天堂』、『地獄』的境界，使靈魂如同一個人生命的延伸。」

天堂、地獄竟然是宗教所創造的，我們幾千年來的信仰，難道真的如同「天圓地方」一樣，是一種錯誤的邏輯所造成的嗎？每個人都睜大了眼睛，等著濟公禪師繼續講述。

濟公老師喝了口酒，繼續道：

「靈魂並沒有人類身體的機械功能，所以靈魂不能如同一個人，以視覺、聽覺、嗅覺、觸覺、味覺甚至思考來感知周遭環境。以人的生命模式來類比靈魂，不但不是一種正確的方式，反而是犯了一個很嚴重的『錯誤類比』。因此要體會靈魂的實際現象，我們必須先跳脫肉體的生命模式，才能夠真正地瞭解什麼是靈魂。」

快樂與痛苦的靈魂量場

「所謂天堂與地獄，是指稱一個人往生之後靈魂的去處。但是這是一種比擬的形容，並不是真正有個地方叫天堂或地獄。因為當物質生命結束時，靈魂轉換成非物質的生命模式，無法以『個體』的方式存在。而是會如同能量一般，與同頻率的磁場一起融合而並存。

「實際上，靈魂與肉體即將分離的時候，會吸引另一組與它頻率相近的靈魂量場到來。傳統中，將這種現象稱為『接引』。而接引者的名稱，有黑白無常、西方三聖，甚至是天使或祖先。隨著宗教信仰、文化環境的不同，祂會有著不一樣的稱呼。只是無論怎麼稱呼這個接引者，都是在表示一個人的往生，會有頻率相近的靈在旁等候。而且當一個人的靈魂與肉體完全分離時，就會與這組接引的靈魂融合在一起，成為另一個全新的靈魂能量。」

依濟公老師所言，黑白無常、西方三聖、天使或者是祖先，都只是靈魂的一種稱呼。也就是說神和鬼其實是一樣的，只是稱呼不一樣，祂們實際上是不同頻率的靈魂。

接下來，濟公老師的話繼續顛覆我們的傳統想法。

「若此，當這個靈魂量場是一種快樂能量的聚合，祂就是極樂世界；反之，當這個靈魂量場是一種痛苦能量的聚合，祂就是地獄。所以天堂、地獄並不是一個實際的存在，而是一種象徵性的比擬。再者，快樂與痛苦會有等級的差異，所以又將天堂分為數重，地獄分為數層，用來表示這種差異。」

靈魂的疑問之三：

輪迴轉世是真的嗎？

濟公老師有別於傳統關於天堂與地獄的說法，讓在場的所有人都大感震撼。

這時，黎師兄小心翼翼地問道：

「那輪迴轉世是真的嗎？」

濟公老師說：

「過去對輪迴轉世的認知，一樣是局限在肉體生命的模式上。認為這輩子是上輩子的延伸，下輩子是這輩子的延伸。其實一個人往生後，靈魂與其他靈魂相融，就已經是一個全新的靈魂。所以輪迴並不是以個體的方式進行。我們依然需要跳脫肉體的生命模式思維，才能夠完整地瞭解。

「靈魂與能量性質相同，會有合融的現象，當然也有分裂的現象。當靈魂能量產生分裂時，我們可以稱一個為母靈，一個為子靈。若分裂之後的子靈與肉體結合，開始另一個生命的歷程，這個母靈就是子靈的前世。」

不談前世，只論今生

看著大家似懂非懂的樣子，濟公老師舉了一個例子：

「假設你們的靈魂頻率都是相近的，當你們的靈魂脫離肉體後，將會合融為一個靈魂。之後當這個靈魂產生分裂，分裂後的靈與肉體結合成為另一個人，這個人就是你們共有的來生，而你們這輩子都是他的前世。所以並不是沒有前世、來生，而是太過於複雜而難以理解。

「以一個人的因果業報推論行善得善，做惡逢惡，是宗教導人為善的說法，是一種方便的說法。如果單以這輩子的善、惡際遇，來推論上輩子所做的好、壞，其實並不是一個正確、適當的做法。試想，如果有一個人發生了意外，斷了一條腿，你告訴他：『你是罪有應得的，因為你上輩子做了太多壞事。』這樣的說法，對他真的會有幫助嗎？對他真的公平嗎？以能量不滅的角度來想，靈魂的輪迴轉世確實存在。但是因果業報，是鼓勵一個人在這輩子為善避惡，而不是推論上輩子所為的善與惡。若是以此編造前世的因果故事，有時候不但無法幫助任何人，反而只是造成惑亂人心，使人不安而已。這就是老師不談前世，只談今生的原因。」

人真的能記得上輩子的事嗎？

聽了老師的話，黎太太追問：

「但是為什麼有人可以記得前輩子的事？」

「靈魂與肉體結合的目的就是在於改變頻率，使靈魂朝向合融一切的圓滿狀況。所以靈魂與肉體的生物機能結合時，將會使這個靈魂的頻率較不穩定，藉此提高靈魂的可塑性，方便靈魂改變頻率。但是當脫離肉體時，靈魂需要回復到一個穩定的頻率，才能平穩地處於自然界中。這種現象，是一種靈魂純化的過程。」

濟公老師喝了一口酒，繼續解釋什麼叫做純化過程。

「傳統中稱喝了孟婆湯，就會忘記上輩子的事。你們當然不是喝了孟婆湯來出生，那麼人為什麼會沒有前世的記憶？實際上，當靈魂在離開肉體的過程中，會自然地去除生物體本身所產生的訊息，使靈魂回復單純的靈魂能量。記憶訊息的產生，是肉體的生物機能之一，雖然也是以一種生物訊息的方式存在，但是並不屬於單純的靈魂能量。所以在靈魂純化的過程中，會自然地將它排除於靈魂能量之外。也就是說靈魂經過純化後，不應該帶有任何的記憶訊息。」

前世記憶原來是一種雜質能量

濟公老師講到此，稍微停頓一下，像是讓大家消化一下這些話。確實，有太多不同於傳統的觀念，讓人需要想一想。接著濟公老師說：

「靈魂是一種生物訊息的能量場，當純化的過程不夠完整，會使某些需要淨化的訊息沒有完全去除。而這些游離的訊息隨著靈魂與其他靈魂合融、分裂，然後再度回到肉體中時，就會透過大腦解讀的功能，將這段訊息解碼。因為它原本就是一段記憶訊息，經解碼後自然就成為我們的一段回憶。只是這訊息通常都是破碎而不完整，不過當我們將這破碎的訊息渲染，再經過美化、圓滿後，就成了一個人的前世記憶。所以前世記憶可以說是靈魂的雜質能量之一，並不是一個人輪迴轉世的證據。」

原來前世記憶竟然是一種雜質能量，是一種干擾的訊息。濟公老師的話確實帶來許多有別於傳統的思維，每句話都讓人有了全新的思考。

靈魂的疑問之四：

為什麼老師自稱是還未圓滿的靈魂？

在大家靜默思考中，春姐接著問：

「老師上一節課談過，靈魂在追求圓滿。什麼是靈魂所追求的圓滿？還有老師自稱是還未圓滿的靈魂，是什麼意思？」

濟公老師維持著平和的語氣回答：

「剛剛老師說過，構成宇宙的基本要素是電荷。也就是說，無論是物質或者非物質的存在，組成的最基礎要素，都是一致而沒有區別的。就像老師常比喻回歸大海後的水，最終就只剩下海水這一個名稱。靈魂的圓滿境界，就是使一切分別回歸於原初，合融所有的一切為一體，如同佛教所談的佛，和道教所談的道一般。而且這是一種自然的運行，並非刻意地造作。」

今天濟公老師特別愛喝酒，不過喝得越多，卻說得越順。看祂又喝了一口酒後才繼續說：

「我們知道，維持宇宙穩定的基本成因，就是能量的交換，也就是平衡的追求。平衡的目的，在於使自己與他者達到一致而沒有分別。這一種平衡之所以會自然地產生，就是因為萬物都遵循著這種宇宙自然定律，擁有著合融其他的本質性存在。靈魂無法脫離這一個自然定律，所以也一直朝向這個目標，不斷地改變、進行合融。

「靈魂因為有著合融其他的本質存在，所以無論有沒有與肉體結合，靈魂都會自然地與其他的靈魂互動。這種互動的過程，就是老師之前所說『互補有無』的過程。目的就是藉此達到相互間的平衡一致，甚至合融為一體。當靈魂合融的範圍越廣，聚合的能量越大，也就表示這靈魂越趨於圓滿。

「就像老師藉著這個肉體與你們接觸的目的，就是為了與你們的靈魂互動。當老師補充你們靈魂所欠缺的能量時，你們也釋放了多餘的能量給老師。而當老師接觸的人越多，也就是表示合融的範圍越廣，聚合的能量也就越大。所以老師這個靈魂，當然也是正在追求圓滿的過程中，並不是已經達到了圓滿。」

靈魂的疑問之五：

任何人都可以當乩童嗎？

最後，小陳問了一個大家都感興趣的問題：

「師兄的身體是怎麼與老師配合的？我們也可以讓老師上身嗎？」

濟公老師微笑地回答：

「剛剛老師談過，生命是物質量場、生命量場與靈魂量場三種量場的集合體。只是靈魂雖然擁有意識的能量，卻無意識的功能，需要運用一個身體的機械功能，才能表達意識。在台灣，身體可供其他靈魂使用的人，我們就稱他為『乩童』。所以當老師的靈魂量場取代了這個乩童的靈魂量場，運用他的物質量場與生命量場，就能使老師擁有表達意識的能力。而且為了有別於老師與這個乩童不同的存在，就需要有一個合乎於文化認知的稱呼。

「因為一般都認為靈魂的存在，不是神就是鬼，而且神會幫助人，鬼是會害人的，所以老師配合他的身體後，當然運用神的稱號與其他人進行互動。只不過這個神的稱號，是老師假借的名稱，也就是說『濟公禪師』這個稱號，並不是表示老師是李修緣的靈魂。只是我們認為濟公禪師是神，所以這個稱號就成為老師降臨附體後的稱呼，表示老師是一個幫助人的靈魂。

「那麼，是不是任何人都可以變成乩童？因為起乩是一種靈魂與身體配合的現象，任何人都有相同的機械功能，答案當然是肯定的。不過每個人的機械功能存在著差異性，所以並不是每個人都可以與其他靈魂配合得好。就像每個人都能學會游泳，但還是有很多人是個旱鴨子。」

看到大家欲罷不能的神情，似乎還有許多問題要問，但是善於控制時間的濟公老師將今天所說的話做了結語：

「靈魂的現象當然不只如此，今天老師僅就禪坐有關的部分，跟你們解說。看大家對這些事都相當有興趣，日後老師將尋更多時間，跟你們聊一聊。下一堂課，老師會向你們解說如何進行禪坐，今天老師先跟你們講到此。」

雖然意猶未盡，大家還是站起來稱頌：「恭送老師。」結束了今天的課程。

第三堂課的思考

盡力做自己

退駕後，大家討論的聲音，好像都無法傳入我的耳朵，我像是持續停留在老師所說的話當中。

似乎有許多觀念讓我瞭解了乩童配合神靈的現象，但是又好像有更多的問題突然間冒了出來，例如：

濟公老師是靈魂，但是在配合了我這個肉體之後，祂是不是一個人？

當祂的靈魂量場運用了我的物質量場與生命量場後，就滿足了濟公老師所說一個「人」的條件。上身後這個人出現，退駕後這個人消失，是不是表示一段生命的開始與結束？

想到這裡，我發覺自己整個思緒都亂了，卻也感到特別亢奮。的確，一個人的生命不在長短，而是怎麼去經歷。這個忽隱忽現的人，就是我最好的學習榜樣。

當下我已經決定，哪怕到了我生命的最後一天，我都會努力做好自己，因為生命永遠沒有最後的結果，一切都是在過程之中，這段生命結束，只是代表下段生命的開始。

我真的迫不及待地想要上下一堂課了，因為一定會讓我領悟得更多。

開場白：

心、性修煉的兩大部分

依照濟公老師的課程安排，先建立心法，再明瞭現象，接下來，就是學習功法。

經過前三堂課，大家或許都已經養成預習今天課程的習慣了，所以上課前，大家有別於以往，來到課堂時竟然鴉雀無聲，甚至都主動地冥思靜坐。因此在等待濟公老師上身的時候，讓我有時間回想濟公老師所說過的教化工作。

這三堂課，讓我對於修行、心性與靈魂有了不一樣的感受。我發現濟公老師所講的話，不但不拘泥於傳統詞彙，反而大部分都運用現代人習慣使用的語詞。許多原本感覺艱澀的意涵，透過濟公老師所說的話來理解，就變得簡單多了。就像學習佛經十幾年的王師兄所說：「老師是將佛經中的道理，嚼碎後再來餵我們。」這是他參與濟公老師課程後，有感而發的一句話。

確實，濟公老師的話淺顯易懂，邏輯明確，更重要的是每句話都發人省思。如果這就是老師所說的教育，我願意終其一生協助傳播這些理念。因為祂一點都沒有怪力亂神的味道，反倒是處處除神去秘。只要能夠將濟公老師所談的這些道理讓更多的人知道，我相信，利用宗教斂財騙色的事件，一定可以少很多。

想著想著，不知不覺中又進入了夢境。隨著「恭迎老師」的稱頌，今天禪定功法的課程開始了。

濟公老師就座後，首先開口道：

「禪門雖然起源於印度，但是卻發展於中土。因此，禪門的思想與功法融入相當多中土的觀念。只是有些人誤會這些功法是開啟人體的特異機能，或是修行神仙道的方法。所以，老師才要你們先瞭解明心見性的意義，以及清楚靈魂的實際現象。如此，進入功法才不至於走入岔道，造成事倍功半。當然，老師依然會盡量以更接近你們的詞彙，來解釋過去的字眼。」

講完了開場白之後，濟公老師喝了一口酒，繼續說：

「之前老師跟你們講過心、性二字的意義。心是保護肉體生存的生物本能，性則是靈魂追求一切圓融的自然特性，兩者結合後才能構成一個人。所以功法也是本於心與性的修煉，先滿足其本心，再圓滿其本性。也就是，首先要使肉體的機能順暢，再擴大靈魂的本質，使一切能夠合融。這也是為什麼老師談功法，要先談心、性與靈魂的原因。功法既然是心、性的修煉，當然就分為兩部分，其一是形神的養護，其二是靈性的修煉。」

原來如此，所以濟公老師才會將課程如此安排，我更訝異的是，到現在我才知道這些課程的關聯性。

心、性修煉之一：

形神的養護

濟公老師進一步解釋：

「傳統中所說的人體三寶就是精、氣、神。發展於中土任何的功法，都脫離不了對這三者的調理、養護。老師所說的功法第一部分形神的養護，也是基於此三者，所以我們要先瞭解什麼是精、氣、神。」

「精」即物質量場

此時，每個人都屏息以待，想聽聽濟公老師對精、氣、神有什麼驚人的見解。

接著，濟公老師繼續說：

「所謂『精』原本是指稱構成人體的原初物質，也就是指父精母卵而言。在這裡是泛指由原初物質發展成人體的所有物質。你們的肉體，都是因為精卵的結合，產生分裂增生後的一個結果。『精』也就等於是肉體的來源，所以我們利用這個字，來稱呼組成這個肉體的所有物質。因此『精』這個字的意涵，也就是老師所說的『物質量場』。」

「氣」即生命量場

濟公老師的課程，像是經過精心地安排，每句話與之前所說的都有連貫性。「精」如果是「物質量場」，那麼「氣」與「神」，應該就是「生命量場」與「靈魂量場」了。果然，濟公老師繼續道：

「所謂『氣』原本是指人體透過呼吸，所補充的能量。也就是每一個人都會經由呼吸的動作，吸入氧氣，排除二氧化碳。但是在這裡，是指稱竄流在人體經絡內，運行於全身的能量。一個人不再呼吸，表示這個人不是活人。運行在經絡中的能量若消失，也是代表這個人已經死亡。所以，無論是指稱所呼吸的能量，或是經絡內的能量，缺少這個『氣』，都是表示生命的結束。這個『氣』就是老師之前所說，人體透過神經系統傳遞生物訊息所運用的生物電。這種生物電是活體生物才具有，死亡後的肉體，就不會再產生這種生物電。因此老師稱它為『生命量場』。」

「神」即靈魂量場

濟公老師所說的三種量場，與精、氣、神結合後，突然間變得容易理解多了。看著大家露出恍然大悟的眼神，濟公老師接著說：

「所謂『神』，就是主控著人體意識行為的力量，也就是老師所說的『靈魂量場』。過去傳統中將這個『神』分為三魂七魄，分別掌控身體的各部分運作，不過這只是表示靈魂會有分裂的現象存在。因為一個健康的人，所擁有的靈魂應該就是一組同頻率的量場。人體中的靈魂，若真的分裂成若干不同頻率的魂魄，就會導致一個人擁有著許多不同的價值觀與邏輯思維，成為所謂的人格分裂者。

「靈魂的確存在著可分裂的特性，所以確實有多重人格的現象存在。而且當不同頻率的能量處在一起，勢必產生更多的碰撞，造成更多分裂。最後使一個人的主人格喪失，甚至連所謂的次人格也沒有了，只剩下一些游移的訊息主控身體。所以，一些人格分裂者，他們最終無法呈現一個完整的邏輯意識，只能表現出破碎而沒有連貫的行為。這就是游移的不連貫訊息，使得肉體有如此的反應。

「自體靈魂的分裂，原因當然很多，除了環境激烈的改變，生命遭受過度的威脅，還有就是靈魂雜質的存在。不過，人體也存在著許多保護機制，就像免疫系統一樣，防止這種狀況的發生。因此，當一般人面臨這種情形，甚至造成靈魂短暫分裂，都能順利地使靈魂回復到單一頻率的存在，只有少數人才會產生進一步的傷害。好比人體都有產生癌症的機率，但是只有少數人才會真正發生這個病症。靈魂雜質就像人體中的自由基，能夠提早去除，就能提早避免靈魂分裂的情況發生。靈魂雜質產生的因素也很多，舉一個最簡單的例子，就是你們吃進許多動物的肉體，在這些肉體中，會有這個動物殘留的靈魂量場。當這些殘留的能量與你自身的靈魂頻率不同，就會成為靈魂的干擾因素。」

人體的自由基游移於身體之中，與細胞結合後，會造成衰老與癌症。我很訝異濟公老師連這個都懂。

形神養護的目的

講完了言簡意賅的這一段話，接著祂總結形神養護功法的目的。

「所謂形神養護的功法，就是在於調理物質量場與生命量場，提高身體保護機制順利地運行，進一步排除靈魂中的雜質因素，使自身擁有清晰而專一的思考邏輯。這也就是傳統中所強調『固本培元』的功夫。」

阿萍急著想知道功法的內容，迫不及待地問：

「要怎麼做才能排除靈魂雜質？」

濟公老師看著她，微笑地回答：

「形神養護是一個有階段性的功法，需要按部就班，是急不得的。因為要去除掉妳靈魂的雜質能量，首先要旺盛妳自己的生命量場；要旺盛生命量場，首先

持坐的第一階段：

坐靜

濟公老師喝了一口酒，正式進入功法的實際操作。

「靜坐時，首先盤腿端正而坐，專注意念於兩眼之間，也就是『玄關』之處，去除雜念，調匀呼吸，稱為『坐靜』。

「專注是所有功法共同的入門功夫，甚至有些功法要求放棄思緒，進入完全靈空的境界。但是人體傳遞生物訊息、解讀訊息的機制，並不是可以運用意念來阻斷的。所以，實際上要達到完全沒有思考，是一件不可能的事。而之所以專注於『玄關』處，是因為兩眼之間往內與頭頂『百會』向下的交會點，就是『上丹田』的所在，也就是古籍所說的『黃庭』。人體大腦這個區域，主掌著靈魂訊息的散發與接收，專注在此的目的，就是要開發大腦這部分的潛能。」

專注的方法

濟公老師繼續說：

「要做到專注，最簡單的方法，是在靜坐時冥想著一個簡單的物品，例如一把扇子或一個葫蘆，這樣將使你的主意識集中在這個簡單的思維中。因為簡單，所以不同靈魂量場所產生的訊息，很容易就會凌越過主意識，替代這個簡單思維。因此，在這個階段靜坐時，常常會有許多雜沓不連貫的思緒無法摒除，甚至會出現一些幻象或者是幻聽，這就是靈魂雜質能量所造成的現象。

「一般人碰到這種狀況，主意識會主動地回復控制肉體，使雜質能量所產生的思緒消失。不過少數人會將這個現象視為與神靈溝通的方法，或是一種神通力的展現，甚至對於靜坐的所見、所聞深信不疑。長期下來，會使得這個雜質能量放大，造成本身思維錯亂。甚至無法區別現實與非現實，進而干擾到日常的生活。這就是為什麼有些人在靜坐後，會產生所謂走火入魔現象的原因。

「不過專注的目的，就是要將主意識訊息與雜訊分別清楚，而且要隔離掉靈魂能量之外的雜質能量。所以在靜坐時，出現了這些雜念、幻聽、幻覺時，你當然就不能把專注力轉移其上，而是應該刻意地忽略它。若是能長期這麼做，你的身體就會逐漸地瞭解，回應這些干擾訊息的方式，就是不回應。當身體懂得隔離這些雜質能量後，你靜坐的時候，自然就不會再有任何的雜念浮現。如此才算是完成第一階段的功夫，之後進入第二階段的『調氣』功法，才能明顯地產生效果。」

持坐的第二階段：

調氣

濟公老師稍微停頓，讓大家將上一段關於專注的話消化一下，接著又講：

「在進入第二階段功法前，我們要先瞭解『氣』，也就是體內的能量所流經人體重要部位的所在處。調氣的功法在於小周天的運行，所謂『小周天』是指人體的能量，在身體內形成一個周而復始的能量流。這個能量流的起點在於肚臍之下，稱為『下丹田』的地方；終點則在於兩乳之間，稱為『膻中』或『中丹田』。這股能量流所流經的地方，有許多穴道的名稱，今天老師就選幾處最重要的部分，跟你們解說。」

大家聽得如癡如醉，個個豎起了耳朵，繼續專心聆聽。

「人體盤腿坐姿的最底端就是『會陰』，也就是在胯下的最中間。而『百會』是人體盤腿坐姿的最頂端，在頭頂的中心點。當一個人盤腿靜坐時，頭頂的『百會』與胯下的『會陰』自然成為一條直線。

「人體脊柱的最末端稱為『尾閭』；『玉枕』則是脊柱的最頂端，也就是位於腦後，脊椎與頭顱接合之處。原則上『尾閭』與『玉枕』也應該成為一條直線。周天的調氣法，即是在於引導能量流流經這一條直線。因為人體的脊柱是所有神經的會合處，因此當能量流經常流過此處，就會產生強化神經傳遞訊息的作用，也就是強化人體的生命量場。從下丹田、會陰、尾閭、玉枕、百會到膻中，這就是能量流在此功法中所要流經的途徑。」

從坐靜到調氣的適當時機

濟公老師又喝了一口酒才接著說：

「當你在第一階段『坐靜』的時候，感覺到自己的思緒已經完全清靜，也就是不再產生任何的雜念與幻象時，那就可以開始進入下一步的功法。進行『調氣』時，首先要將專注力移轉到下丹田，使人體中的『氣』凝聚在此。這時候如果你在第一階段的功夫做得夠，身體自然會隔離掉雜質能量所帶來的干擾。在沒有其他因素干擾的情況下，這種專注力就會使你感覺到下丹田開始有熱氣逐漸集中。當你感覺到這一股熱氣存在時，接下來進行『以目內視，意念引導』的功夫。也就是移轉專注力來帶動這股熱氣，使下丹田所凝聚的熱氣，往下行經『會陰』、『尾閭』，再順著脊椎往上行，經『玉枕』到頭頂『百會』，之後再往下行至『膻中』，這就稱為一個『小周天』。

「下丹田稱為氣之源，是氣一開始的集中處。『膻中』稱為氣之海，是氣行經的終點。回歸在氣海的能量，可以再度引導至下丹田，重新再一次周天運行。這就是『調氣』的功法。」

可能太像武俠小說了，濟公老師進一步說明：

「在周天中所運行的氣，其實就是生物電。當你專注於一種簡單思維時，生物電會回歸於類似純能量的狀況，凌越過這個簡單思維。你之所以會感覺到熱氣，就是大腦在回應這個純能量的訊息。此時若將專注力放在這股熱氣上，就能有效地加強大腦這種回應，使熱的感覺越加明顯。但是若前一階段功夫做的不足，雜質能量所產生的訊息就會干擾到大腦的回應，使生物電無法回歸為純能量的訊息，如此，當然也就感受不到熱氣的凝聚。

「專注力的引導，就是在使這種純能量的訊息擴大，進而刺激、提高人體各部分器官對訊息反應的敏銳度。所以，此階段的功法，不但將使人體神經系統更加清晰地傳遞訊息，也會使身體更容易發覺各部分器官的傷害、退化，而提早進行修補。所以『調氣』確實有著強身健體、延年益壽的功效。」

持坐的第三階段：

靈魂的吐納

聽完濟公老師對「氣」的解說，這才發覺氣功原來也那麼科學。接著，濟公老師開始講述排除靈魂雜質能量的方法。

「第三階段的功法，必須在調氣順暢後，也就是不必再用意念引導，熱氣會順著小周天的途徑自然運行時，這才開始進入靈魂的吐納。

「當這股能量流不必再受引導時，你身體的感覺會漸漸地遲鈍，甚至對身旁的聲音會聽而不覺。這時候將專注力重新置於兩眼之間的『玄關』處，看著前方無邊無盡的黑暗。」

看著大家一副茫然的樣子，似乎不是很懂。濟公老師接著解釋說：

「眼球及視神經的功能，不會因為你閉上眼睛就停止運作。因此當你閉上眼睛，並不是沒有看到事物，而是看到一片無邊的黑暗。在這黑暗中，有時候你會看到一些亮點或光圈，這其實與你感覺到經絡中的熱氣是一樣的道理。眼睛閉上，眼球沒有接受光的刺激，無法產生影像的生物訊息，大腦對這種視神經傳遞而來的純能量訊息，就是以讓你看到光影來做回應。所以，這些亮點或光圈，其實就是生物電。」

瀕死的人如何看到「光的隧道」

春姐很感興趣地問：

「死而復生的人，他們所看到光的隧道，就是這種現象？」

濟公老師微笑地回答：

「瀕臨死亡的人，身體的機能會先停頓，接著身體中的生物電才慢慢地停止。不過只要生物電沒有停止，就算心臟、大腦停止了活動，這個人還是有可能活過來。死而復生的人，就是因為他的生物機能已經停止運轉，但生物電並沒有停歇，所以才能再度復活。只是當他的生物機能停頓時，身體就不再產生任何生物訊息，經絡中所傳遞的訊息就是一種純能量。所以當生物機能重新運作後，大腦會以看到光影的方式，來回應這種純能量訊息。也就是說，他所看到的光即是不帶生物訊息的生物電。」

專注力要一放一收

老師好像發現離題了，趕緊又把話題轉回來：

「但是在這功法中，光影不是應該專注的目標，而是應該將專注力，往這個無邊的黑暗處極力延伸，然後又接著收回這專注力到兩眼之間，並且隨著呼吸的節奏，使專注力一放一收，來回於黑暗極處與玄關處。如此，自然會將靈魂中的雜質能量帶出，與環境中的其他能量進行互補有無的交換，達到靈魂的單一與純淨，這就是靈魂吐納的功法。

「不過，如同剛剛老師講過，專注的功夫做不足，就無法感受到氣；氣行周天不順，就無法使經絡將訊息清晰地傳遞。這樣雜質能量所產生的訊息，當然無法隔離於主意識之外，也就無法達到排除的目的。因此，形神養護的功法需要按部就班，每個階段都必須確實做好，如此才能真正去除掉靈魂的雜質能量。」

形神養護讓思維敏銳、理解力提升

濟公老師在這時候總結形神養護的功法：

「形神養護著重在人體三種量場的平衡調理，也就是提高物質量場、生命量場與靈魂量場三者的和諧性。因此，確實做好這個功法，不但能夠使身體機能運作得更加順暢，更可以加強自己的情緒管理，甚至能讓思維敏銳、理解力提升。這就是老師剛才所說，形神養護的功法即是在於本心的調理，也就是使得生物機能更加順暢，肉體生命更加健全的方法。」

心、性修煉之二：

靈性的修煉

濟公老師喝了一口酒，接著談靈性修煉的功法：

「禪門功法強調於本心及本性的修持。滿足了本心後，再接下來就需要圓滿其本性。靈魂追求圓滿的特性，在於合融其他。也就是靈魂會自然地與其他靈魂互動、互補，最終融合在一起。而靈性修煉的功法即是基於這種特性，使身體內的靈魂與其他靈魂互動，產生互補融合的作用。」

濟公老師舉了一個例來說明：

「假設你的靈魂頻率是介於一到三，而旁邊有一個頻率介於二到四的靈魂，因為兩者間有一個交集存在，所以就會開始產生互動。在互補有無的結果下，兩者的頻率都會改變為一到四。當兩者頻率一致，就會合融於一起而沒有分別。但是，因為你的靈魂與肉體結合著，所以與你相近或一致的靈魂，會時刻圍繞在旁，形成保護內在靈魂的屏障，西方所稱的保護靈即是如此。靈性修煉的功法，就是以肉體內的靈魂為核心，一直與外在的靈魂持續進行互補與合融的動作，使靈魂能量擴大，頻率增廣，進而達到合融一切的圓滿境界。」

禪定如何開智慧

不等大家發問，濟公老師便接著解釋：

「執行此功法，需要將形神養護先做好。自體靈魂中的雜質能量要先去除，才不至於在互補與合融的過程中產生干擾。進入功法時，先將專注力轉移到『會陰』之處，依然運用意念引導，使『氣』直接衝出『百會』，之後將氣回歸於『百會』，再下沉於『會陰』，如此周而復始，循環不已，這就是靈性修煉的功法。

「當能量流從『會陰』直接流向『百會』時，會衝擊大腦主掌靈魂訊息散發與接收的地方，也就是剛剛老師所談到的『上丹田』。使人體對外界的靈魂訊息，能夠做出最有效的解讀。古籍中所謂：『中脈一通，上通天庭。』即是在形容這個現象。連接『會陰』到『百會』的這一條直線，就是『中脈』，當能量在『中脈』內暢通無阻，就能夠有效地解讀外界靈魂的訊息，稱為『通天庭』。

「在前一段形神養護的功法中，是從『玄關』釋放靈魂的雜質能量，接納可供自體靈魂使用的能量，所進行的是一種能量的交換。但是在此階段功法中，引導『氣』衝出百會，是釋出自身的靈魂訊息，與外在的靈魂訊息進行互補，為一種訊息交換，並沒有實質能量的散發與接收，而且是一種頻率的轉換，並不是意識的交流。所以有些人以為禪定可以接收自身以外的智慧，其實是錯誤的。靈魂經過訊息的交換後，會引發自身學習的衝動。互補合融後，會拓寬自身靈魂的頻率，使得你擁有更宏觀的思維。以這種宏觀的思維，理解了你之前所不能理解的道理，這就是為什麼禪定可以開啟智慧的原因。」

學習衝動的引導

林姐對於濟公老師與我的關係還是很感興趣：

「師兄是不是中脈已經通了，所以老師才能教他那麼多？」

濟公老師維持著一貫的笑容回答：

「人體的黃庭之處，主掌靈魂訊息的接收與散發，引導體內的能量流循中脈衝擊此處，確實有助於理解這些訊息。但是，任何人的中脈都沒有堵塞，只是大腦的發展程度有個體差異而已。而且，老師對他的教導並不比你們多。反而老師的訊息需要築基在他的知識範圍內，才能有效地表達。也就是說，他學得越多，老師才有辦法講得更多。因為純靈魂的訊息，並不是一種知識或文字，而是推動肉體產生意識行為的一種力量。不同的靈魂頻率會造成不同的邏輯思維，就像今天老師所講的一切，不只是他，你們也都懂。只是當老師的靈魂頻率使用這個肉體之後，運用不同的邏輯思考，重新組合了這些知識，使你們以為這是一種新的知識而已。

「老師傳遞給他的訊息，更不是什麼完整的知識傳授，而是一種學習衝動的引導。也就是傳遞一個學習的意念給他，促使他對於某種知識產生學習的興趣與衝動，影響他的思考邏輯及價值觀去選擇學習內容，並且積極地追求這個知識。

這就是老師對他的教導，也就是今天老師所說，靈性修煉功法的意涵。只要你們在禪定中，掌握了這種學習衝動，促使自己於日常生活中努力學習，這樣你們就是在接受一種神授的知識。」

滿足本心、圓滿本性

最後，濟公老師總結了今天的課程：

「靈魂與肉體的結合，是一種生物機能的運作。當你能夠使用一種方法強化或熟悉這種生物的功能，使兩者的結合達到最佳的狀況，發揮出最好的效能，就能呈現出最好的生命模式，這就是所謂的功法。剛剛老師談過，禪門的功法本於心與性的修煉，先滿足其本心，再圓滿其本性。這就是一種使靈魂與肉體兩者間，產生最佳及最好結合狀況的一種功法。當然，功法的修持需要有耐心，過程中也會產生許多問題。老師今天無法一一詳述，日後有機會再與你們細說。今天老師即談到此。」

看得出來大家還是意猶未盡，但是礙於時間，雖然不捨，還是齊聲稱頌：

「恭送老師。」結束了今天的課程。

第四堂課的思考

修行不止息

課後免不了又是一陣討論，但是我真的一句也聽不進去，因為我沉浸在濟公老師今天所說的一段話：

「老師的訊息需要築基在他的知識範圍內，才能有效地表達……老師傳遞給他的訊息，更不是什麼完整的知識傳授，而是一種學習衝動的引導。」

依濟公老師所言，我所知的多寡，直接影響祂能夠表達的範圍。而我一直有繼續求學的念頭，原來是祂引導我的。但是我深知，無論是否真正有一個引導的力量存在，從書本中找尋我要的答案，這個念頭已經深植我的心中。而且我相信，即使窮究一生，也無法完全滿足我所追求的答案。突然間，我想到了一塊掉進水中的乾海綿，瘋狂地想把這些水吸收。就像我那時的心情寫照，慌忙雜亂地汲取所接觸到的每一個知識。

這種學習的意念，一直到今天似乎都還影響著我。幾年後，我完成了大學的學程，但是我總是覺得還不夠。感覺到濟公老師總是吊著一根紅蘿蔔在我的眼前，吸引我這匹馬往前衝，但是不管怎麼努力，永遠也吃不到這根紅蘿蔔。所以，我再度進入宗教學研究所，希望能夠學習到更多的知識。只是我沒有想到，研究所的歷練竟然這麼有趣，而且確實也讓我收穫良多，更使我瞭解了濟公老師所要闡述的理論，甚至我的論文都是與濟公老師配合二十年來的體悟。

在獲得宗教學研究所碩士學位後，經過努力，我考上了社會文化與諮商心理學研究所博士班，繼續深入研究。我知道，一個乩童要從學術界取得認同，並不是那麼容易，然而這就是我人生修行的過程，而且我感到自己停不下來，因為我還沒有吃到那根「紅蘿蔔」。

【後記】

宗教學研究所

做一個與衆不同的乩童

二〇〇八年九月，我終於考上了宗教學研究所，懷著既興奮又期待的心情前往學校報到。班導是一位嚴謹又開明的留法博士，憑著巫的直覺，我知道他會是我的指導教授。事實上，在兩年的碩士學程中，他給了我相當大的信心，也給了我非常自由的研究領域。我能夠順利完成學業，得助於班導之力莫大。他曾說：

「研究是永遠做不完的，只是論文有截止的時間。」

這句話和濟公老師帶給我的體會不謀而合，我相信碩士論文絕對不會是我學習的終點。

新生報到的第一天，為了讓同學間更加熟悉，自我介紹當然避免不了。聽著同學的介紹，有的來自教育界，有的來自佛教界，有的來自道教界，似乎個個都有兩把刷子。這時候我心裡想著，研究所中果然是臥虎藏龍。輪到我介紹自己時，不知道哪來的勇氣，我竟然當眾宣告自己是一位乩童。看著大家訝異的眼光，我告訴自己，身為乩童並不是恥辱，如果我不能認同自己，那麼誰能夠認同我？在社會上乩童給人的觀感雖然不好，但是我要做一個與眾不同的乩童。而想要做得比其他人好，第一步就是不能再拒絕承認自己是乩童。

也許是多了這麼一份自我期許，所以縱使宮裡辦事、傳道及祭祀、慶典，甚至每年固定的美國行程，種種事情占據了我大部分的時間，我還是盡力將課業做到最好。加上班導對我似乎青睞有加，給了我許多機會並參與多次的論文發表，使得我能夠在兩年間就順利完成了碩士學程。

第一場「與巫對談」

儘管如此，一個乩童就讀研究所，還是遭到許多質疑。甚至當我受邀前往某大學舉行一場座談時，直接被指稱我是為了替宮創造名聲，把這場座談當作宣傳工具。當時我聽了真的很難過，努力了將近二十年，還是無法擺脫乩童是斂財童子的刻板印象。

這場座談會的名稱叫做「與巫對談」，是濟公老師直接上我的身與大家進行座談。因為名稱貼切，所以之後在國內外所舉行的座談會，都是以此為名。這一場「學術與巫對談」也可以說是濟公老師第一場的座談會。

會中，我出自肺腑地告訴大家：

「我與濟公老師相處了十八年，祂一向秉持著不以任何神蹟號召信徒，更不以任何危言聳聽的話去恐嚇信徒。『以理服人』的一句話，使我十八年來一直跟隨著祂。而且祂總是用大家都懂得的道理，來告訴大家靈界存在的真實。祂要傳遞的是真相，要去除大家對神鬼的迷思。祂也常常勸告信徒：『眼睛看不到的事，由祂們處理；你們懂得如何做的事，才是你們應該去做的事。』祂更強調自我修持的重要性，並且告訴大家祂也在修行，時時提醒信徒自我修持的宗教意義。十數年來得益於濟公禪師者無數，面對信徒的感念，祂只淡淡地告訴：『你們能夠平安順遂就是老師最好的收穫。』因此，我一直將祂當作是在教導我如何面對人生的一位最好的導師。」

可能因為我是個乩童吧，這番話非但沒有引起教授的歡迎，他反而抱著一尊未雕刻完成的濟公佛像，宣稱：「不知這未完成的濟公，能夠為我們帶來什麼？」只著眼於濟公老師能不能當眾告知他個人的私事，企圖以此來證明乩童並不是真正有神靈上身。

面對教授的質疑，濟公老師卻只是淡淡地回答他：

「你講對了，老師就是因為神性還未曾完滿，所以需要使用這個身體，來追求完滿的神性。」

身為濟公老師的乩童，又是宗教學研究所的學生，當初接到學校的邀請時，對我來說意義實是非凡，我還以為「學術與巫」的對話將由此展開先河。雖然我也有認知，乩童的確需要接受最嚴格的檢驗，但我想在「尊重田野」的學術殿堂上，應該能呈現很好的結果，沒想到這只是我個人的期待而已，讓天真的我真的失望了，因為我只感覺到教授是企圖向學生們證明乩童是「人格解離者」。儘管如此，濟公老師所說的「未完滿神性」這句話，卻帶給我相當的震撼。

當神性未完滿

所謂「未完滿神性」這個概念，是指一切的生命，無論有沒有肉體，都因為「神性」還未曾完滿，因而所有的靈魂與其他擁有肉體的生物，都會朝向這個終極完滿持續地追求。而這裡所稱的「神性」，是指每一個靈魂都存在著「具足完美」的因子。不過當這個因子還未完全呈現「具足完滿」的狀態時，需要歷經一段改變的歷程，這個歷程就是大家耳熟能詳的「輪迴」。

所以這裡「神性」的意涵，相對於道教的「道」、佛教的「佛」、基督宗教的「唯一真神」，其概念是一致的，也就是一種「終極實體」的追求。只是當談到「道」、「佛」、「真神」時，我們可以理解那是屬於宗教的神聖領域。但在當時，聽一個「巫」談到「完滿的神性」時，卻使得許多人不以為然。

事實上，濟公老師談到「未完滿神性」這個概念，對我的幫助非常大。之後我所完成的論文，幾乎就是以此為基礎。所以說有衝擊必有收穫，直到現在我都還一直感謝著那位教授，沒有了那場座談，也許我的論文到現在都還「未完成」。

但是對於當天隨濟公老師前往學校參加座談的人來說，這是令人完全無法接受的事。回到宮裡，三弟依然義憤填膺地說：

「不是那個教授邀請老師到學校的嗎？他怎麼可以用這種態度對老師？」

阿萍甚至為我抱屈地說：

「他說師兄是精神解離者，那不就是精神病嗎？你都不會生氣喔？」

當時，我回想起自己近二十年來與濟公老師配合的過程。我曾經像個好奇的小孩子，積極地與祂們接觸，想進一步瞭解祂們；也曾經像個叛逆的年輕人，激烈地反抗祂們。直到現在我才覺得自己是個成年人，可以用平靜與理性的態度來面對。我告訴他們：

「這只是所站的角度不同而已，有什麼好生氣的？」

這時候就展現出讀書的好處，我以在學校所學到的知識，現學現賣地告訴大家：

「的確，有不少學者站在否認靈魂存在的立場，以精神分析的方式來解釋乩童現象。他們認為乩童是一種精神疾病的表現，所謂神靈附體是一種『習慣性的人格解離』。也就是說，起乩後的人格表現是乩童本身潛藏的人格，這種潛在的人格會因為外來的刺激或暗示，而取代原有的人格表現。學校教授以這種角度來解讀乩童，當然會說我起駕的情況，是一種『人格解離』的現象。

「但是若依我們的角度來看，靈魂是確實存在的，所以起乩的現象就像濟公老師所說，是神靈的『靈魂量場』，運用乩童的『生命量場』與『物質量場』來做意識的表達。因為不同的『靈魂量場』有著不同的價值觀與邏輯判斷，所以起乩前和起乩後，自然就會有不同的人格表現。從外表看起來，就是同一個人擁有著兩套不一樣的人格呈現。所以不能怪教授以『人格解離』來解釋這個現象。」

神靈代言人

對於「人格解離」，阿萍還是充滿疑惑地問：

「起乩之後不就是神嗎？怎麼說祂是人格？是什麼意思？」

對於起駕後這個「神」的定位，確實是一件非常重要的事，於是我慎重地回答：

「沒錯，我們稱祂濟公老師，就是以一個神格去看待祂。在我們的文化中，神是無所不能的，是一種全知、全能、全善的力量。但是實際上，起乩後的乩童與我們期待的神性卻有著極大的落差。就是因為有了這種落差，才會使得有些人認為信任乩童是一種迷信。

「其實依濟公老師所言，靈魂配合肉體後就是一個人。也就是當濟公老師的『靈魂量場』共用了我的『物質量場』與『生命量場』後，已經滿足了祂對人的定義，當然就應該視祂為一位全新的『人』。而這個人可以處於人、神之間，做為人與神的媒介。所以起乩後出現的這個人，才真正是『神靈代言人』，而不是我本身。這位代言人的姓名，就叫做濟公禪師。

「因為神靈的『靈魂量場』與我的『靈魂量場』頻率有別，所以當祂上了我的身後，這個全新的『人』就會有完全不同於我的人格呈現，等於就是兩個不一樣的人，但是卻有同一具身體。這就是我要大家在未起駕的時候稱我『師兄』就好，千萬不要稱我『老師』的原因。身體是同一個，但是人格卻不一樣，從精神分析的角度看來，當然就是一種『人格解離』的現象。

「只不過，在這個時候我並不是轉化為神，也不是神靈轉化為人，而是在起乩的過程中，神靈配合我的身體，會短暫出現這位名叫濟公老師的『人』，祂以人的方式來傳達神的睿智。」

由於起因在那場座談，所以我特別將這天所領悟的事，講出來與大家分享：

「今天老師所講到神性的未完滿，其實就是在說起乩的現象，也就是神靈與乩童同處於一種『未完滿神性』的情境下，為了要共同追求『終極完滿』，才產生了這種『共伴修持』的現象。而這位『神靈代言人』，就是神靈與乩童『共伴修持』下，所產生的一位『修行者』。只是這位『修行者』只會在起乩的時候短暫出現；退駕之後，這位『修行者』消失，靈回到靈的地位，人亦回歸於生活之中。所以靈與人兩者並非對立，而是共同在追求『終極完滿』的夥伴。

「濟公老師既然是以人的方式存在，自然所說的道理都合乎人的道理。因此祂才會強調，祂的出現並不是為了展現神蹟，而是為了勸誡眾人，提升人的品性為主。所以我們應該將起駕後的神，當作一位睿智的人，而不應該將我們所期待全知、全能、全善的『神性』加諸在祂身上。正因如此，濟公老師才會要我們視祂為師長，而不要我們視祂為神。」

三弟認同地表示：

「我個人覺得，這就是老師與眾不同之處。其他的通靈人士或是神明起乩後，總是高高在上，一副天上地下唯我獨尊的樣子。比較起來，就特別感覺到還是老師和藹可親。」

確實，回頭看看台灣的現象，有太多乩童誆稱神意來謀取自身的利益。有的人自詡是神的代言人，有的甚至標榜自己比神的位階還高。但是實際上，只是為了滿足個人的私欲，犧牲虔誠的信徒利益。自己身為乩童，每次看到類似的媒體報導，總讓我感覺百般無奈。

如何分判人神

關於神靈上身的真假，小陳提出了許多人都想知道的問題：

「不過，社會上確實有些乩童假借神明騙人，有沒有什麼方式可以辨別神靈是否上身？」

這個問題如果能夠釐清，相信社會中假藉神靈騙人的事會減少很多，所以我的論文針對這部分也做了許多研究，便直接回答：

「乩童具有溝通神靈的靈媒特質，可以藉著某位神祇附身而擁有種種法力。如果法術施行後確實能為人消災解厄，經由信徒間的互相宣傳，就能建立信譽，進而實現神明濟世，為世人服務的目的。不過，有些乩童卻會因為法術施行後不見有任何效果，而被冠上了欺騙的標誌。

「而且一般信徒會認為神明無所不知，無事不能。對神靈潛藏的欲望與期待，會投射在乩童身上，而由乩童來圓滿及實現這種心理。也就是說當信徒認為神靈應該無所不知，祂的乩童就應該事事都知曉，乩童不應該有不知道的事情，否則他就是假的。這使得許多乩童為了滿足信徒這一種『投射反應』，而不能夠承認自己有所不知，只能將神靈的事情神秘化，來掩飾自己的無知。甚至說南道北，編了一部『天方夜譚』，使信徒更是霧裡看花而不知所以然。

「就我所看到的乩童而言，他們與神靈接觸的經歷，常常是只知其然而不知其所以然。就算在神靈附體的過程中，他們也無法確切地看見或聽見祂們，所謂溝通，那也只是在腦中所做一問一答的思考歷程。尤其當身體逐漸熟悉與神靈配合後，自主的意志逐漸凌越神靈的意志時，大部分的乩童就會產生到底是自己所為，還是真正神靈所為的困擾。

「所以真正存心欺騙信徒的乩童其實很少，大部分的乩童是因為信徒對神靈的過度期望，或是這種投射反應，而淪為騙徒。

「只有少數的乩童是存心欺詐信徒的，他們往往自稱神靈附體，利用神明的權威，讓信徒們相信他確實具有溝通天地、治療疾病、祓除不祥的能力，對前往求助的信徒進行詐財騙色。

「這些人之所以敢這麼做，最重要的原因就是他們對於神鬼的存在產生了質疑，甚至完全否定了祂們的存在。在我們的傳統中，認為神鬼無時無刻都在看著我們行事作為，是非善惡在冥冥之中自有裁判。乩童對神鬼的認知，和民間所信仰的傳統本來就是一致的，所以當乩童不再認為神鬼是確實存在著，也會一併否定掉對傳統文化的認知。這個時候，所謂的『舉頭三尺有神明』、『人在做，天在看』，對他們來講也就成了無稽之談。這種神鬼的概念與世俗的道德文化是緊密結合在一起的，當他們不再信任擁有獎善罰惡力量的神鬼存在時，對世俗的道德當然也就不會再遵從。因此假借神鬼來利益自身，也不會擔心有什麼報應。

「要辨別神靈是否上身其實很難，尤其要區別一個老乩童是否有靈上身就更難了。因為乩童經過訓練的階段，起乩會成為一種自然動作，對於一個老乩童來說，這些動作都可以駕輕就熟地演出來。不過若細心一點，還是可以由起乩前後的『肢體動作』、『邏輯思維』和『價值判斷』等三方面看得出來。」

肢體動作的判別

我相信在場的人對這個問題都很有興趣，阿萍甚至催促我趕緊講下去，於是我告訴大家：

「區分神靈與乩童靈魂意志的差異，首先在於觀察起乩前後不同的肢體動作。無論師傳或者是神授，乩童都會經歷一段時間的訓練，稱為『訓乩』。在『訓乩』的階段，乩童會養成日後起乩時的習慣肢體動作。這種習慣動作會是身體最純熟的反應，所以不能驟然論斷神靈是否附體。

「在此所謂的肢體動作，是一些不由自主的無意識動作。例如當乩童自己本身思考某件事時，會有一些特殊的無意識動作，也許是托腮、搔耳、抓頭……等。起乩之後若這些無意識動作依然存在，那麼神靈意識是否取代了乩童的意識，就值得我們存疑。有些學者運用生理學的方法研究，認為無意識動作就等同於有關人類靈魂的非理性本質，因此在起乩前後，這些無意識動作若無差異，我們可以據此懷疑，神靈的靈魂量場並未取代乩童的靈魂量場。」

邏輯思維的判別

「區分神靈與乩童靈魂意志的差異，第二個重點在於兩者之間對環境事務的邏輯推演。通常我們對乩童的瞭解是他能請神上身，為各種疑難雜症提出解釋，並提供解決的方法。這是因為神靈以整個文化傳統及宗教信仰體系為基礎，對生活在同樣的信仰體系的基層民眾，給予了具影響力的解脫和穩定作用。因此祂對問題的解釋及事務的推演，應該會與文化環境中的認知契合。但是若其所提供的解決方法背於人情義理時，我們就必須小心謹慎地分別，不能只一味地聽從。

「人具有一個物質性的肉體，所以思維的方式，總是以自己為宇宙中心，向外做輻射性的思考。不過神靈由於缺乏這個物質性的肉體，所以祂的思考方向是由外向內的方式進行。

「舉個例子，我們對於環境中對自己有傷害的人，會稱呼他為小人，那是因為我們將自己視為主體，而對主體產生傷害的人，就是壞人。但是濟公老師會站在你與他兩者對等的立場，解釋他對你造成傷害的原因，或者教導你如何改善與他的相處方式。由於思路的不同，因此神靈在符合文化環境下，常會提供我們沒有設想到或忽略掉的解決方式。藉著觀察起乩前後思維方式的差異，即可區分二者的靈魂意志不同。」

價值判斷的判別

「區分神靈與乩童靈魂意志的差異，最後在於分辨兩者之間不同的價值觀。乩童因為擁有物質性的肉體，其價值觀常建立在物質上面。相對於神靈無此肉體，所以價值觀是建立在精神上。台灣有句諺語：『神明要阮的一點心。』就是在闡述神靈的價值觀，是建立在信徒的一點感念回饋上。因此當乩童起乩之後，神靈若對信徒索求物質性的回饋，可想而知是誰的靈魂意志表達。

「再者，個人對於是、非、對、錯的價值標準，常常是以自我的標準來評定他人。相對於神靈對於是、非、對、錯的認定，除了應符合文化環境的標準外，也需要重視每一個人自我的認知。因此，神靈認為的是、非、對、錯是一種相對的標準，而不是絕對的標準。觀察神靈與乩童對於價值的認定，有助於我們分別兩者意志的差異。」

小陳聽完後，面帶愁容地問：

「我有一個朋友家裡也是開宮廟的，但是他們說神明交代他們要收費辦事，而且費用還算滿高的。依師兄所言，那就不可能是神明說的囉？」

我趕緊回答：

「這只是我近二十年來的經驗談，絕對沒有批評他人的意思。只不過你想想，神明要錢做什麼？買祭品祭拜自己？還是買紙錢燒化給自己？所以濟公老師一開始就明言交代，辦事不是買賣，不可以把它當作生意經營。但是我瞭解，每一個道場都需要經費維持，也許你朋友的宮廟無法像我們一樣以隨喜功德的方式維持，所以才會收費。這只是經營方式不同而已，沒有什麼不對。只是若說收費是神明所言，說真的，我會存疑。祂用不上的東西，要來做什麼？」

未來的路

就在東聊西扯中，大家漸漸忘了這天的不愉快。等到送走了其他人後，三弟的一句話卻讓我沉思至今：

「二哥，一路走來，我看到的你確實是個不一樣的乩童。但是你有沒有想過，依照你現在所學、所做的，是不是表示你這輩子有更重要的事應該去完成？我不知道會是什麼事，只是一種直覺，你應該做得比現在更多。未來只要你不變，無論你想怎麼做，老弟都會認定你，跟著你和老師一直走下去。」

三弟的話讓我非常感動，但是另一方面，卻也使我突然陷入迷茫中。我知道三弟是在為我打氣，不過未來的路到底應該怎麼走呢？現在我所做的事，只是比其他人更直接接觸鬼神而已。無論古今中外，鬼神地位的確立，常常都是因為人無法做到某件事，進而期盼、假借祂的力量來達成。若是這樣，鬼神應該是造福於人的工具。不過回想起來，乩童卻經歷了各個時代執政當局的禁制，直到現在，社會形象還是非常鄙陋。在這樣的環境下，我能做什麼？當然，會產生這種現象，並不能只責怪社會的不認同，回顧乩童本身的作為才是最重要的事。

人神交流是人們希望的泉源，也是一種心靈的安撫。而乩童本身因為接觸得直接，所以擁有對鬼神世界的絕對解釋權。但是部分乩童不知善用這種力量，反而常以此要脅信徒，或是以此能力來追逐功利，使宗教真正的意義與精神蕩然無存。有些乩童甚至於假借神鬼之名，行違法犯紀之實，讓人看在眼裡真的很難受。除了自己引以為戒，我更明白不能只是譴責他人的排擠，我相信，唯有謹慎自身行為才是最佳的辯護。

乩童在現今社會的形象是如此負面，我走的這條路當然並不輕鬆。我遇到過許多挫折，遭受過許多質疑，尤其當報紙上出現乩童的負面報導時，我就會有種又被潑了一桶冷水的感覺。但是我秉持的原則是：對的事總是要去做。只要我能讓大家更清楚瞭解乩童，受騙的人自然就會減少。那麼除卻乩童的神秘感，讓那些企圖污衊鬼神而行詐騙之人無法有所作為，是否為我的責任呢？

我是一位乩童，同時也慶幸自己有機會跟著祂們學習。我不認為自己比其他的乩童好，但是我一直警惕自己，要抱持著戰戰兢兢、如履薄冰的心態，來面對鬼神之事。因為濟公老師依附在我這個身體上，一句話可以導人為善，也可能一句話就帶給他人不幸。我不能只推卸責任在祂們身上，而是應該時時刻刻檢驗自己是否真正收斂了本身的意識，讓身體確實傳達出祂們的意識。所以我常與其他的乩童朋友分享一句話：

「做得好是祂們行，做得不好是我們的責任。」

我相信，唯有這樣的心態，才能與祂們做好配合。

《與巫對談》這本書是一部與濟公老師對話過程的紀錄。二十幾年來，濟公老師四處講法，我有幸在旁聽聞在心，一直都希望能夠將這些過程訴之於文字。衝著三弟的一句話，我開始了著書的工作，因為我想要讓更多的人瞭解什麼是乩童。

這幾年，濟公老師除了「學術與巫對談」的座談外，之後又陸續舉辦了「諮商心理與巫對談」、「心靈治療與巫對談」，甚至在美國與加拿大也都辦了多場座談會，有機會我還會把它再寫出來。

我不知道自己的生命能有多長，不過我希望在這段有限的生命歷程中，能真正地做出一些貢獻。身為乩童，揭開乩童的面紗，這就是我給自己的人生目標。

國家圖書館出版品預行編目資料

與巫對談：那些神明教我的事 / 蔡州隆著. --
初版. -- 臺北市：平安文化, 2013.08
面；公分. --（平安叢書；第 421 種）(Upward；48)
ISBN 978-957-803-876-9（平裝）

1. 扶乩 2. 民間信仰

296.2　　102015368

平安叢書第 0421 種
UPWARD 048

與巫對談

那些神明教我的事

作　者—蔡州隆
發 行 人—平雲
出版發行—平安文化有限公司
台北市敦化北路 120 巷 50 號
電話◎ 02-27168888
郵撥帳號◎ 18420815 號
皇冠出版社（香港）有限公司
香港上環文咸東街 50 號寶恒商業中心
23 樓 2301-3 室
電話◎ 2529-1778　傳真◎ 2527-0904
責任主編—盧春旭
責任編輯—丁慧瑋
美術設計—王瓊瑤
著作完成日期— 2013 年 03 月
初版一刷日期— 2013 年 08 月

法律顧問—王惠光律師

讀者服務傳真專線◎ 02-27150507
電腦編號◎ 425048
ISBN ◎ 978-957-803-876-9
Printed in Taiwan
本書定價◎新台幣 260 元 / 港幣 87 元